重庆市人文社会科学重点研究基地四川美术学院视觉艺术研究院学术成果

PHILOSOPHY ART SCIENCE

THE SPIRIT OF THE TIMES
AND CONCRETE EXPRESSION

哲学·艺术·科学
时代精神与具象表达

李敏敏　夏莹　主编

II

中国纺织出版社有限公司

内 容 提 要

本书为"时代精神与具象表达"首届先锋论坛（2021）的学术成果。时代精神紧密联系于视觉之见、文学之趣、体验之兴、物质之感，贯穿于各个领域下的具象化表达，通过文字、图像、影像、工艺、雕塑、建筑等媒介，形成本时代特有的话语体系。本次论坛汇聚了来自全国范围内多位顶尖专家、学者，涵盖著名哲学家、文学家、视觉艺术家，他们围绕"时代精神与具象表达"的主题展开探讨，聚焦绘画与图像思维、雕塑与流动影像、具象思维与抽象思维、技术与艺术、表象与表达等艺术话题，为相关领域研究提供思路。

图书在版编目（CIP）数据

哲学·艺术·科学：时代精神与具象表达 / 李敏敏，夏莹主编. -- 北京：中国纺织出版社有限公司，2023.10

ISBN 978-7-5229-0724-6

Ⅰ.①哲… Ⅱ.①李… ②夏… Ⅲ.①时代精神—文集 Ⅳ.① B022-53

中国国家版本馆 CIP 数据核字（2023）第 120779 号

责任编辑：华长印　王思凡　　责任校对：高　涵
责任印制：王艳丽

中国纺织出版社有限公司出版发行
地址：北京市朝阳区百子湾东里 A407 号楼　邮政编码：100124
销售电话：010—67004422　传真：010—87155801
http://www.c-textilep.com
中国纺织出版社天猫旗舰店
官方微博 http://weibo.com/2119887771
天津千鹤文化传播有限公司印刷　各地新华书店经销
2023 年 10 月第 1 版第 1 次印刷
开本：710×1000　1/16　印张：6
字数：96 千字　定价：98.00 元

凡购本书，如有缺页、倒页、脱页，由本社图书营销中心调换

目录

第一场　艺术与哲学　01

庞茂琨
具象绘画的几个片段　　02

崔唯航
时代精神的概念表达
——论哲学中的真理与"过程"　　08

第二场　时间与本质　15

吴冠军
盛景社会与想象秩序
——图像政治学的两条法国进路　　16

李洋
为什么内生图像被抛弃了？　　33

第三场　美学与现代　39

王志强
艺术反抗与视觉观念化　　40

第四场　技术与数字化　45

蓝江
游戏时代的视觉　　46

第五场　设计与图像　53

李向北
看不见的城市　看得见的未来　　54

夏莹
图像的形而上学批判　　61

第六场　媒介与影像　69

钟舒
媒介化：新媒体艺术批评的媒介学介入　　70

董树宝
什么是晶体－影像？　　77

01

第一场　艺术与哲学
Art and Philosophy

具象绘画的几个片段

Several Fragments of Figurative Painting

庞茂琨
四川美术学院教授、院长

"今天的主题是'时代精神与具象表达',我主要从事绘画,便围绕对绘画的认识和实践,以古今中外具象绘画的几个片段进行讲述。"

通常印象当中,对具象绘画的概念包括几个大的片段。

一、绘画三大类

绘画通常分为三大类:一是写实性绘画,二是编撰性具象绘画,三是纯抽象绘画。

1.写实性绘画

写实性绘画一般指古典艺术或现实主义艺术,是对我们眼见事物的直接描绘和呈现。

2.编撰性具象绘画

编撰性具象绘画是臆造出来的一种绘画。以超现实主义和立体主义为例,达利(Salvador Dali)的情境是梦幻的、主观臆造的,但每个形体是具象的;而毕加索(Pablo Picasso)的绘画则有具体的形象、体感,但它不存在于现实之中,是自己编造的。

3.纯抽象绘画

纯抽象绘画里没有一个生活经验当中直接看见过的物体,是以纯粹线条、色域、色块作为画面构成的艺术绘画。

二、具象与抽象

在谈具象绘画之前,必然牵涉具象和抽象,具象是能够具体描绘的客观实在的物体,抽象是除眼见的实在之物以外,想象中的主观形色、心想之图、臆造之相。

三、具象绘画的丰富性

摄影技术的出现,不仅没有取代绘画,反而促使绘画走向了深挖其艺术本体语系的现代艺术之中,具象绘画也因此获得更为广阔的表现空间。由此可以看到,从古至今每个人的体验都是非常丰富且个性的,因此,具象绘画也是没有穷尽,且伴随时代而发展的。

具象绘画概括起来分为3个种类:叙事

与情境，表现与观念，风格与气质。

1. 叙事与情境

以前最早的绘画本质上都从属文学和故事。如宗教绘画其实是为宗教故事而创作，古典主义时期以来的绘画大多也是叙事性的，俄罗斯绘画更是从属文学，强调故事情境的展现。

情景交融的绘画带有主观性、抒情性，如巴洛克、象征主义、中国的传统山水画。从巴洛克时期的绘画可以看出，艺术家对形式的敏感，他们可以通过线条、氛围的营造来强调艺术家个人的一种感性的、情感的东西。象征主义的夏凡纳完全把人作为一个符号，抛弃客观所见的真实。中国的山水画更是情景交融，将艺术家个人的审美气质融入自然之中，直抒胸中意气。

2. 表现与观念

在20世纪早期，表现主义实际上是一种对内心的呈现，艺术家不是画眼睛看到的事物，不是为了把这个物象画好看，而是呈现内心的感受，使内心外化。表现主义跟中国的写意绘画相仿，都强调主观情感的表达，为了营造一个特别的氛围和情境。如今很多人画写意性油画，实际上不是为了表达具体的形体，而是一种中西融合，同时把自己的情绪结合在里面。

观念绘画，主要通过绘画来传达某种观念，玛格利特（René Magritte）的《这不是一只烟斗》用一种荒诞的方式来呈现哲学思想，不是正常的情景，而是进行了空间的置换。超级写实主义，不是为了真正的写实，而是反叛一切带有个人情绪、主观的东西，剔除主观性，非常冷漠地面对客观物象。意大利现在的萨莫利，是对传统经典的一种破坏、解构。张晓刚对图像感的强调，凸显了与他同代人的集体记忆。这些都是观念的范畴。

3. 风格与气质

风格非常重要，从古至今很多艺术家都是在为寻找和建构一种迥异于他人的自我风格而努力。

米开朗基罗、鲁本斯，一直到毕加索、达利等，都是共同朝着一个大的时代走向，但是又有自己的风格。从早期的风格主义到后印象主义，实际上都是建构自我的王国，形成自我的领地和标识。

但另外一种更可贵的艺术是从风格到气质的延伸，它比较内化，注重在大的潮流下，弱化一种时代的风格而进入真正的个人化。像17世纪的委拉斯贵兹（Velazquez），虽然是巴洛克时期，但是我们感受不到巴洛克风格，因为他个人用现实主义的方式在进行绘画。还有与之同时期的伦勃朗（Rembrandt）也不拘谨于巴洛克风格的大潮，而是在绘画的内容，特别是用光与色的表象上更追逐语言个性与表现。高更（Gauguin）是努力做好一个风格，把绘画作为展现观念思想的视觉表述方式。凡·高（Van Gogh）与高更不同，他竭尽全力想画成他内心认为真实的样子，赋予绘画鲜明的个人气质。博伊曼斯（Borremans）也是强调内心的神秘体验，虽然是寻常的、具象的，但是传达的意念是神秘的。毛焰、何多苓等也是典型的气质型艺术家。何多苓带有诗人气质，这是天生的秉性，不是做出来的，是固有的气质。弗洛伊德（Sigmund Freud）、刘晓东他们的绘画都能传达出一种内心的深度体验。冷军的绘画极其深入细腻且逼真，他用超越手工制作的极限制造视幻，技术在此超越艺术家的内在个性，但也形成了鲜明的个人气质。

关于个人创作经历和体验部分，也是为了证明具象艺术的丰富性。

1983年，我创作的《苹果熟了》（图1-1）运用古典主义技法描绘了一位劳作间隙中的彝族妇女形象。1990年创作的《祥云》（图1-2），画面体现彝族人质朴、深沉的情感。这些都是对形象的塑造。20世纪80年代，古典主义绘画对于欧洲而言是传统的，但对于我们则是充满新奇的，加之当时以"乡土绘画"为代表的艺人文术风潮兴盛，使我的早期作品主要围绕彝族展开，通过古典绘画技法来探讨艺术语言本体的表达。

第一个想突破传统的系列是"触摸系列"（图1-3）还是具象的范畴，只是局部化、模糊化的一种图像，重点是对形象的

图1-2 祥云 100cm×80.3cm 布面油画 1990年

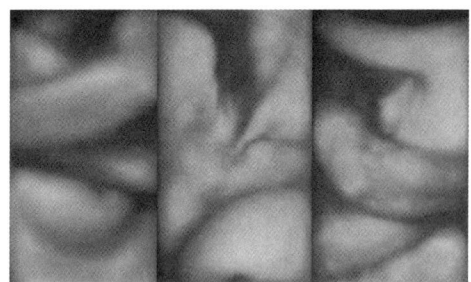

图1-3 触摸之一、二、三 190cm×100cm×3 布面油画 1997年

深度体验。以前是表象的描绘，现在则是对内心感受的强化。

从2000年开始，我的表现手法不断衍变，如"虚拟时光系列"（图1-4）是将画面平面化，受到一些商业广告的影响，把每一件物品植入一个平面化的空间里面。2004年伊始创作"游离者系列"（图1-5），又回到写实肖像，不同于早期的肖像，那时是对周边时尚年轻人的一个描绘，将背景进行很单纯的处理，来突出个体的一种游离状态。

图1-1 苹果熟了 150cm×100cm 布面油画 1983年

原本我擅长的绘画技巧，使画面趋于平面化，进而更具象征隐喻性。二是游观系列（图1-7），翻阅一些生活老照片时，突然发觉它本身就有一种表演感，日常生活当中很偶然的一个情境，其实也充满着戏剧性、荒诞感。

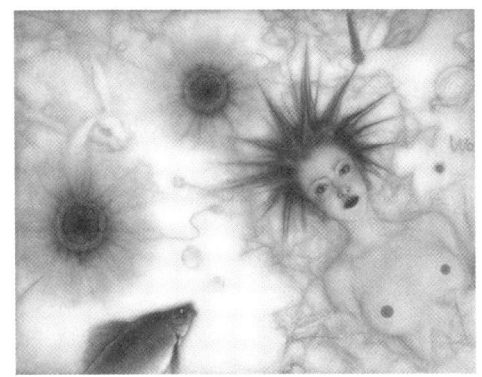

图1-4　虚拟时光系列之一
115cm×150cm　布面油画　2001年

图1-6　巧合之一　160cm×200cm　布面油画
2009年

图1-5　游离者之一　185cm×140cm　布面油画
2004年

图1-7　游观系列之老鹰茶的滋味
180cm×280cm　布面油画　2013年

2009年开始"景观叙事系列"，这之中分两个系列：一是舞台系列（图1-6），表达当时对社会景观的一种体验，把画面作为一个舞台，"人生如戏，戏如人生"，主观化地将日常生活和戏剧性、表现感突出的柔术、杂技、舞蹈等进行再编码，削弱

2015年左右开始"镜像系列"（图1-8）。"镜前的人"导致肖像具有了情境性，而镜像又是一个哲学问题，促使我们用绘画讨论这个问题。这是两张上下组合的构图，也是一个镜像的结构，题目就叫《纳西索斯》（图1-9），欧洲一个最古老的传说，也是一个古老的哲学命题。

哲学·艺术·科学：时代精神与具象表达

图1-8　镜花缘之二　160cm×120cm　布面油画　2013年

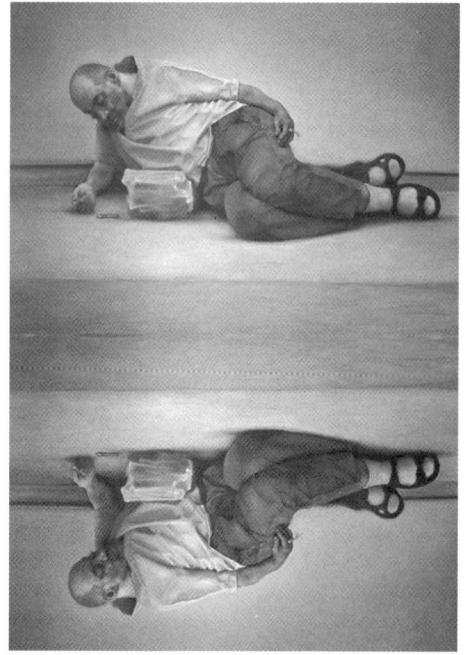

图1-9　纳西索斯　160cm×200cm×2　布面油画　2015年

博上征集自拍照，每个朋友、同学自己都会发过来，通过筛选就画了100个自拍的面孔，把它画成素描，这些都跟镜像有关。

近期作品，包括"折叠"和"副本"两个系列。"折叠"系列把西方的名画逐一进行改编，改编会形成时空的折叠、东西方文化的折叠。这个系列自画像比较多，因为必须要自己面对历史，形成对话。古典艺术我一直非常喜欢，但从来就没有临摹过，到了这个时候必须要临摹，临摹也是很重要的部分。第一幅把古典绘画进行改变的就是这幅画，本来是委拉斯贵兹的一幅名画（图1-10），先进行临摹，把它进行空间和时间的一种错置，形成东西对话、历史和自己对话。

图1-10　《早安委拉斯贵兹》
108cm×160cm　布面油画　2015年

后来又逐渐与未来产生一种关系，即智能时代的融入，在这个系列中开始。如伊甸园的主题，这是丢勒的一幅关于伊甸园的亚当夏娃的画面（图1-11），把它进行改编以后，实际上有它的寓意，当进入一个新的时代，人类对智能科技该如何面对。另一幅作品名为《耳语》（图1-12），当时在汉堡创作，左边是德国的一幅古典肖像作品，我把它进行了改变。

还有关于自拍的构思，自拍主题方面专门做了一个类似行为艺术的作品，在微办我的大型个展（图1-13），装置作品置于前方，这些绘画悬挂在很大的空间里面（必须是这种矩形、不规则的，才能任意自由的悬挂）。前方的装置实际上是一个蛋糕的形象，是一种庆典，是一个开始，也是一个结尾。庆祝与祝福，这些都跟智能科技时代的感受有关。绘画也可以延伸为装置，抑或是动画影像。

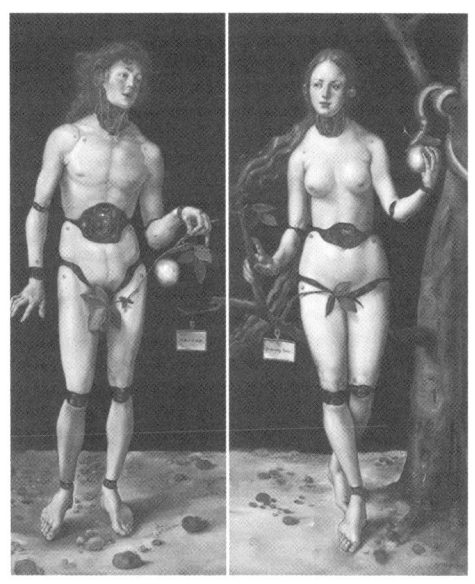

图 1-11　《折叠的伊甸园》　200cm×85cm×2　布面油画　2017 年

图 1-13　"副本 2020"展览现场

图 1-12　《耳语》　160cm×200cm　布面油画　2018 年

在"副本"系列中，将绘画进行了装置的处理。2020年年初在上海龙美术馆举

这些就是我几十年来创作的过程。我的体会是：作为一个绘画艺术家，虽然是以传统的样式开始，但还是能够用它的主观感受和干预来反映这个时代，来参与时代的思考。一个艺术家最重要是先有思考再有选择，最后才能创造出自己的东西，至于绘画的功夫和功底都从属于最后的创造，所以我觉得具象表达是很多元且丰富的，也是有张力的，这是具象绘画今天存在的一个理由。

时代精神的概念表达
——论哲学中的真理与"过程"

Conceptual Expression of the Zeitgeist
——On Truth and "Process" in Philosophy

崔唯航
中国社会科学院研究员

> "时代精神有一种本质性、必然性的维度，这种维度对于哲学，意义重大。"

一

庞茂琨院长对具象艺术做了非常精彩的演讲，展示了许多作品，但我在其中的一些作品中看到的不是具象形象，而是抽象观念。谈到哲学，一般来讲是抽象的，我今天也想讲一个最抽象的哲学，同时也是最具体的哲学，这里讲的抽象和具象，和通常理解的，包括艺术视域中的抽象和具象，大相径庭，甚至截然相反。

我们这次论坛是先锋论坛，一般来说，先锋意味着前卫和前沿，在我看来，前卫和前沿也应当包含"碰撞"，传统与现代、经典与当代的"碰撞"。本次论坛的主题词之一"时代精神"本身就蕴含着经典的意思。因为时代精神代表着一种特定的哲学观，这种哲学观集中体现在黑格尔思想里，带有古典哲学的意蕴。后来马克思继承并发展了时代精神的思想，做了进一步的阐述。当代哲学家大多已经不太关注这个问题，但我们今天依然以此为主题，本身就蕴含着经典与当代的"张力"，这种"张力"构成了先锋所在。

"时代精神"作为一个问题进入哲学思考的视域，时间并不是很长，可以说是现代性的产物。具有标志意义的是黑格尔在《法哲学原理》中的一段论述，"就个人来说，每个人都是他那个时代的产儿。哲学也是这样，它是被把握在思想中的它的时代。妄想一种哲学可以超出它那个时代，这与妄想个人可以跳出他的时代，跳出罗陀斯岛，是同样愚蠢的。"[1]这句话也可以被简单概括为"思想中的时代"，它

---

[1] 黑格尔.法哲学原理[M].北京：商务印书馆，1961：14.

可以看作是黑格尔的哲学观。

这一观点意义重大，因为在哲学诞生两千多年之后，终于被发现，原来哲学不是爱智慧，不是理性的学问，不是概念的艺术，不是范畴的演绎，不是逻辑的运演，而竟然是我们整天置身其中，"日用而不自知"的时代。

这一哲学观在根本方向意义上改变了哲学思考的路径，曾经被有关专家称为"西方哲学两千多年的秘密第一次被揭开了"。马克思进而指出，任何真正的哲学，都是时代精神的精华。其意义在于，对哲学的思考不再局限于或停留在理念、概念的世界之中，哲学的奥秘不在天上，而就在人间，因此，哲学之根不在天边，就在眼前，就在我们的时代之中。

由此也引发另一个问题的思考，那就是一个人是更像他的父亲，还是更像他的时代？

从生理上讲，他更像他的父亲，因为他继承了父亲生理上的基因，但从精神上讲，他则更像他的时代，因为他的时代塑造了他的精神气质、思维方式、价值观念，在最根本意义上决定了他想什么、不想什么，怎么想、不怎么想，可以说，一个人所置身的时代建构了他的精神基因。也正是在这个意义上，黑格尔才说，"就个人来说，每个人都是他那个时代的产儿"。

哲学的精神基因也源自它的时代。进一步的问题在于，哲学对于时代不是完全被动的、镜子一般的反映，而是以自己特有的方式来反作用于时代，典型方式就是凝练时代、提升时代，由此形成时代精神及其精华。那么，如何去把握时代精神呢？这也是我们此次论坛的主题所在。我们的主题是"时代精神的具象表达"，这就兼具了哲学和艺术两个维度。

哲学的维度是捕捉、提炼和表达时代精神。这种表达往往是抽象的，而艺术同样可以表达它所处的时代，不过是以具象的形式来表达。

二

还是回到哲学，时代精神的表达，某种意义上就是"勾勒时代"，勾勒出时代之魂来，也就是把时代的魂魄勾勒出来，让它现身。

刚才庞院长展示的作品中许多都是在进行一种勾勒的努力，勾勒一个场景、一个瞬间，非常生动、非常有感染力。但我思考的是为什么要勾勒这一瞬间而不是另一个瞬间，这从哲学上看，就蕴含着一个必然性和本质性的维度。

也就是说，选择哪一个瞬间进行勾勒不是偶然的，不是随机的，而是具有内在的必然性和本质性。勾勒时代实际上是要勾勒出时代的本质和必然的一面，这无疑带有古典的味道。

记得我在大学时有一次上艺术课，上课中间，突然有一个人推门进来，直接走到讲台前，放下一个东西，转身离开，没有说一句话。等他走出教室之后，老师问大家，你们看到了什么？大家面面相觑。老师进一步说，你们每人用一两句、两三句话描绘一下你们"看到的"这个人、这个场景，直接描述你们的感触。这实质上是要求我们进行一种"勾勒"，勾勒出这个人、这个场景的魂魄来。这两句话在这里是针对一个人，如果推广到一种艺术，当然也包括一个人的艺术，那就是这种艺术的风格。所谓风格，就是一阵风，它扑面而来，随身而去，留下一种独特的不可复制的风尚。

我想，对于一个时代的哲学来说，也是异曲同工。艺术家总是抓住一个时代的侧面、一个剪影、一个片段、一句话、一个人，勾勒出一个时代的精神、时代的魂魄来，这就是一种艺术风格、一种类型。它在哲学上的呼应，就是哲学以概念的方式对时代精神的勾勒、概括和提炼，得到的就是时代精神的精华。只不过是以概念的方式来表达，是时代精神的概念表达。

文艺学中的一个经典论断就是要刻画典型环境中的典型人物，这种典型化的手法就与哲学与时代的关系息息相关。《西游记》中的孙悟空、猪八戒，《红楼梦》中的贾宝玉、林黛玉、王熙凤、薛宝钗等，这些活灵活现、耳熟能详的典型人物都是勾勒出来的，鲜活生动的，一句话，是具体的，同时又具有本质意义的。

三

现在回到具体和抽象问题，对此哲学另有一套理路。按黑格尔的思路，任何一个瞬间、一个片段，无论它多么鲜活、生动，都不够具体。

哪怕是罗丹的雕塑，就像有人所说的那样，罗丹的雕塑摸上去是有温度的，黑格尔也依然会说那是贫乏的、僵硬的，因为它没有动起来，不够具体，缺少过程。

那么黑格尔哲学中的"具体"是什么意思呢？这个"具体"是概念的具体，概念意义上的具体。概念意义上的具体意味着概念的丰富性，这种丰富性是展开的丰富性，是一个过程，是一个真理。

这就涉及真理的问题。"真理"（Truth），也可以叫作"真"，或"真实"。我们现在习惯上叫作"真理"，而且习惯于符合论意义上的真理。

比如，这是一支笔，陈述和对象相符，就是真理。这种真理观只能说是真理的一个面向，而不是唯一的面向。

黑格尔的真理观如果用一个汉字来概括的话，那就是"全"，如果再加一个字的话，那就是"大全"。

"大全"是什么意思呢？简单说来，大全不是一个点，而是一个过程，有开头、有过程、有结尾，合起来才是大全。单纯的结论或结尾，不是全，不是真理。在此意义上，1加1等于2就无所谓真理，因为缺少一个过程，不是大全，仅是一个结论，一个点。这是黑格尔在《精神现象学》中集中阐述的道理：真理是一个大全。

这样从概念上讲有点抽象，但它蕴含的道理是很朴素的。下面我举两个例子来说明。

第一个是黑格尔自己讲的例子。黑格尔有一句名言，"同一句格言，由饱经风霜的老人和未谙世事的孩子口中说出，含义完全不一样"，对于老人来说，这句格言包含了他一生的坎坷、曲折、经历，对于孩子来说，这句格言就是一句格言、"一句话"而已。

对老人来说，过程就在里面，真理就在里面；对孩子来说，没有过程，没有真理，只有结论，只有陈述。

当我们看到一个饱经风霜的老人以沉缓的语调对我们说"事非经过不知难"时，我们感到意味深刻、耐人寻味、令人深思，但如果我们看到一个八九岁的小孩摇头晃脑地说"事非经过不知难"时，会感到滑稽可笑。

为什么？因为缺少过程、缺少真理、缺少内容。就像一个动物对人的模仿，同样的动作，我们感到的是滑稽。

每次讲到黑格尔的"老人格言"，我都会联想起我国宋代词人辛弃疾的一首词，它以别样的形式阐释了同样的道理，"少年不识愁滋味，爱上层楼。爱上层楼，为赋新词强说愁。而今识尽愁滋味，欲说还休。欲说还休，却道天凉好个秋"。

这里也蕴含了两个阶段，一个过程在里面，只有经历这个过程，才是现实的，才是真理，才是具体，哲学的具体。否则，就是抽象的谈论，就是"少年格言"，就是"为赋新词强说愁"，这在哲学上看，都是抽象，哲学意义上的抽象。

黑格尔另有一句话，讲述了类似的道理，那就是"实体即主体"。简单地说，就是要把实体当作主体来看。

很长一段时间，我对这句话理解不够通透，后来读到叶秀山先生的一篇文章《读那些有读头的书：重读黑格尔〈精神现象学·序言〉》，恍然大悟，醍醐灌顶。

叶先生在文章中说："这里的主体（subject）也可以翻译为'主词'，主词就意味着后面必须接续一个宾词（表词）来展开、来完成自己，这同时也就意味着有一个过程在。"

叶先生还举了一个拿破仑的例子，"拿破仑小时候跟别的小孩差不多，只有他做出了那一桩桩惊天动地的'事'后，'拿破仑'才是'拿破仑'。'拿破仑'三个字，只是一个'名字'，一个'符号'；但我们说'拿破仑'时，这三个字已经和他那些'事'分不开了，因而'拿破仑'三个字包含了他一生的全部经历和历史。这时，'拿破仑'才'真'的是'拿破仑'"[1]。拿破仑就是一个主体、主词，他做的那些事情就是宾词，合起来，拿破仑一生的经历，一生所做的事情，才构成了一个"真"的拿破仑。否则，那就是一个名词、符号。

我还看过另外一篇文章，讲晚清一次科举考试，题目是"项羽拿破仑论"，当时很多人还不知道"拿破仑"，一个考生就写，"夫项羽，乃拔山盖世之雄，岂有一仑而不能拿乎？非不能也，实不必也。彼破仑，为何物？其大几许，其高若干？纵或挡道，乌骓但扬蹄，项羽即可过焉，何需下马将其移开，而后再行？岂不多此一举乎"。在此，拿破仑就是一个物件，一个"破仑"，没有过程，也就没有真理，没有"真"的拿破仑。所以，真理就是全体，就是大全，就在过程之中。

四

接下来的问题是，这个过程如何理解呢？是发生的一切吗？那每一个人的过程都是无限丰富、无限琐碎、无限繁杂的了，无限到难以把握，那真理又何以可能呢？

按黑格尔的思路，对过程的把握不能事无巨细，陷入"无限"的汪洋大海之中，那样一定会迷失方向，就像盲人摸象一样，无法把握真的大象。

那么如何面对过程呢？黑格尔的回答是把握过程中具有必然性的存在，这也就是一种本质性思维。还是举例说明，黑格尔有一句名言，叫"仆人眼中无英雄"，下面讲，"这不是因为英雄不是英雄，而是因

---

[1] 叶秀山.读那总是有读头的书：重读黑格尔《精神现象学·序言》[J].读书, 1991(4): 7.

为仆人毕竟就是仆人"。

拿破仑的仆人天天和他生活在一起，他了解拿破仑生活中的每一个细节，知道他的身材如何，脾气怎样，饭量大小，饮食偏好，以及许多生活习惯，甚至怪癖，对拿破仑的了解不可谓不多、不细，但是把这些加起来，并不能得到一个完整的、真实的拿破仑。

因为拿破仑之所以是拿破仑，不在这些生活琐事里，而在他做的一系列影响世界历史的事情中，那才是拿破仑的本质所在、必然所在，离开这些，拿破仑就不是拿破仑。

因此，在构成过程的所有经历、材料和要素中，存在一个必然性和本质性的维度，把握真理最重要的就是把握本质，而不是把握全部。因为全部"细节"叠加起来，也不会得到本质和真理，这也体现了古典哲学的一个重要特征——本质主义的诉求。

尼采有一个重要说法：历史性的东西是不能被定义的，换言之，只有缺乏历史的东西才是可以下定义的。

为什么？因为历史性的存在都是不能脱离过程的，都是在过程之中的，如果我们要给它下定义的话，其实就是中断过程，把完整的过程切割成一个个的片段，这样的片段是僵死的，"死"的存在当然不等于"活"的存在。

这对于我们人文学术，对于艺术研究，具有十分重要的意义。

比如，我们学哲学的人经常会被问到的问题——什么是哲学？每次我都很难回答好，因为我们已经习惯了知识论的认识方法，希望得到一个确定的定义，以便一劳永逸地解决这个认识问题。

这时，我总会想起尼采的这句话——历史性的存在、历史性的学问不能下定义，或者说，下定义的办法不适用于这些领域。哪怕你把所有的哲学定义都背得滚瓜烂熟，都脱口而出，信手拈来，但你还是不知道什么是哲学。对于艺术而言，同样如此。

所以，历史不能逾越，过程不能逾越。小时候看《西游记》，看到唐僧取经历经九九八十一难，心中十分着急，老想"孙悟空一个跟头十万八千里，为什么不让孙悟空多翻几个跟头，直接到西天拿回真经呢"，现在懂了，没有九九八十一难，也就不是"西天取经"了，九九八十一难不能跨越，过程不能跨越，历史不能跨越。

现代哲学家海德格尔对于过程也有自己的思考。我们知道他的名著《存在与时间》，这本书的核心，或者说最重要的概念不是存在，也不是时间，而是"此在"（dasein）。

"此在"是谁，实际上就是人，一种新视域中的人。他为了避免以往对人的各种各样的误解或"流俗理解"，故意不用"人"，而取了一个新的名字"此在"。其意图在于，书中讲的人不是以往的哲学、流俗意义上理解的和谈论的人。

那么，海德格尔对人的理解有哪些不同之处？最重要的一点，他认为人是有限的，所谓有限的，通俗的讲，就是人是有死的，会死的，其他动物只会"消亡"，而不会死。在他看来，人是有死的，其中的"有"，有的是"能力"，什么能力，死的能力。对人来说，死亡是一种能力，只有人具备这种能力，所以只有人才死，动物只能"消亡"，而不能死亡。

为什么？因为人有一种独特能力，就是提前进入死亡状态。人在死亡之前就已经提前进入死亡状态，动物却不会，一个动物，告诉它生命只有一个月的时间了，它不明白，照样活蹦乱跳。但人不一样，人都会提前考虑，如果只有一年时间了，那么整个生活与之前会完全不一样。

其实，人很小就开始思考死亡问题，只不过往往是无意识的。海德格尔有一句令人费解、有点极端的话——人一生下来就老得足以死去，就是讲这个道理。

在海德格尔看来，生的过程和死的过程是同一个过程，（人）生的过程，换一个角度看，同时也是一个死的过程。

他的突出贡献在于，之前的哲学家都是从生的过程来思考问题，讲的是"人生"如何；他却从死的过程来思考问题，问的是如果换一个角度，从"人死"出发，世界和"人生"将会怎样。无论是生的过程，还是死的过程，都是过程。

总之，哲学理解的抽象和具体，和艺术的理解具有非常大的不同。

第二场 时间与本质
Time and Essence

盛景社会与想象秩序
——图像政治学的两条法国进路

Grand Society and Imaginary Order
——Two French Approaches to Pictorial Politics

吴冠军
教育部长江学者特聘教授、华东师范大学政治与国际关系学院院长

> "时间影像等于纯粹时间。我们在日常生活的时间,是对空间的一个描述,时间不是单独的时间,必须是对空间的阐述,空间在时间中迭放、被螺旋起来。"

居伊·德波(Guy Debord)的"盛景社会"(spectacular society)与雅克·拉康(Jacques Lacan)的"想像秩序"(imaginary order),皆为20世纪欧陆批判思想中被广为引用的理论概念。❶尤为重要的是,它们亦皆以"图像"(image)为其概念性核心(conceptual core),"图像"在这两位法国思想家笔下,得到了前所未有的主题化与理论化。特利弗诺瓦(Temenuga Trifonova)在其《法国哲学中的图像》(*The Image in rench Philosophy*)一书开篇,就指出20世纪法国哲学之一大"定义性特征",就是"远离图像"。❷但德波与拉康显然是这个"定义性特征"的逆出:相对于"远离图像",他们皆旨在"穿透图像"(traversing the image)。❸更进一步地,他们所经营的这两个理论概念,都发展出了强烈的政治面向,且均是作为具有激进批判力量的概念而被运用。

德波本人直接就是一个革命者与运动家,他的"盛景社会"概念本身,直接就是一个用来施展社会-政治批判的理论武器。1968年发生在巴黎街头的那场影响巨大的"五月风暴",德波及其"盛景社会"批判被认为是该运动背后的主要思

---

❶ 尽管在对欧陆思想的影响上,德波对比拉康总体而言要低不少,然而最近20年,前者也获得了日益广泛的关注,以至于2009年法国文化部长代表官方将德波的文档宣称为"一个国家宝藏"。(Richard Gilman-Opalsky. Spectacular Capitalism: Guy Debord and the Practice of Radical Philosophy [M]. London: Minor Compositions, 2011: 23.)

❷ Temenuga Trifonova. The Image in French Philosophy [M]. New York: Editions Rodopi BV, 2007: 9.

❸ 这也就是特利弗诺瓦在其著作中讨论了伯格森(Bergson)、萨特(Sartre)、利奥塔(Lyotard)、鲍德里亚(Baudriuard)、德勒兹(Deleuze)等人,但没有德波与拉康的原因。

想源头：当时许多年轻的抗议者们，直接就把德波的论述制作成标语口号以及街头涂鸦。❶

尽管拉康的"想像秩序"在很长时间内保持其作为一个精神分析概念的状态，并且他本人也刻意保持远离政治的姿态，然而从思想史的角度来看，其理论已然深刻影响了欧陆激进政治思想的发展。著名当代激进左翼政治哲学家巴迪欧（Alain Badiou）晚近曾如是描述拉康主义精神分析："它是一个解放的力向，即便这被遮蔽在一个明显非政治的华丽服饰下。随着拉康对［精神分析］治疗的看法，当我们年轻时拉康对我们而言就是在1968—1980年代我们的全盘动员化之操盘者之一，即便他自己决不是用这些思路来看待事情。"❷

这意味着，如同德波影响了很多"五月风暴"的年轻参与者，拉康实际上使当时一大批年轻思想者自"五月风暴"起迈向激进。❸

而自20世纪80年代末起，在齐泽克（Slavoj Žižek）这位拉康再传弟子的一系列著作推进下，拉康主义精神分析已被发展成了一个具有强烈批判面向且极富学术影响力的激进政治哲学。❹

我们还可以发掘出德波与拉康身上极有个性的另一个相似点，即他们都在其生前亲手解散了自己一手创建起来并被视为其主要实践性成就的组织，德波于1971年解散了"情境主义国际"；而拉康则于1980年（其去世前一年）解散了"巴黎弗洛伊德主义学院"。

然而，尽管我们能从拉康与德波那里找出以上这些"相似性"，这两位20世纪著名法国思想家的理论轨迹，却并没有明显的交叉。尽管比拉康小整整一辈，德波的批判性思考，却几乎并没有受到这位前辈学术大咖的影响。

实际上，德波本人有意识地远离当时整个法国思想地图，他同各大门派（存在主义、活力主义、结构主义、后结构主义、阿尔都塞派、新黑格尔派、精神分析派等）都格格不入。

在论述风格上，两人亦彻底不相兼容：德波是一个全力避免学术"黑话"（jargons

---

❶ Andy Merrifield, Guy Debord. London: Reaktion, 2005: 67–82; Anselm Jappe, Guy Debord. Donald Nicholson-Smith, trans. Berkeley: University of California Press, 1999: 99–104.

❷ Alain Badiou and Élisabeth Roudinesco, Jacques Lacan. Past and Present: A Dialogue［M］. Jason E. Smith, trans. New York: Columbia University, 2014: 21.

❸ 著名拉康主义哲学家蔻佩克（Copjec）指出拉康当年不上街恰恰不是因为他保守，相反，拉康认为学生激进派根本不够激进：拉康从学生们的呼号中侦察出了"对一个新主宰的呼唤"，并对学生作出警告——他们已经在得到新主宰的边缘了。著名拉康派精神分析师（亦是拉康好友之女）罗汀内斯科（Roudinesco）亦持此见：对于拉康而言，1968年5月根本不是走向普遍化解放的运动，因为起义们"无意识地欲求更残忍的奴役状态"。［Joan Copjec. "May'68, the Emotional Month," in Slavoj Žižek (ed.). Lacan: The Silent Partners. London: Verso, 2006: 90; Badiou and Roudinesco, Jacques Lacan. Past and Present: A Dialogue［M］. New York: Columbia University, 2014: 21.］拉康本人当年对学生运动的论述请参见Jacques Lacan. The Other Side of Psychoanalysis, trans., Russell Grigg. London: Routledge, 2007: 207.

❹ 在把拉康精神分析扩展成为政治哲学这方面，拉克劳（Laclau）及其学生斯塔拉克（Stavrakakis）的贡献也不小，参见Ernesto Laclau. New Reflections on the Revolution of Our Time. London: Verso, 1990; Yannis Stavrakakis. Lacan and the Political. London: Routledge, 1999; Stavrakakis. The Lacanian Left: Psychoanalysis, Theory, Politics. Albany: SUNY, 2007.

的作者；而拉康则几乎在完全相反的方向上走到极致——黑话此起彼伏、术语叠床架屋。德波曾把拉康与海德格尔（Martin Heidegger）并列一处视作为"语言分裂"与"晦涩"的代表人物，并认为这种写作风格"除迷惑公众之外没有任何其他原因"。"晦涩，在这里它是真正地无价值的和华而不实的，隐藏了他们思想的空虚，允许两个人表演一种跳出那些断裂思维的古老理性思想形式的一种连续性的文化表演，它与思想已经被分离了好几年，僵化并且停滞不前。"此种写作风格，只是为了展示"哲学家或者精神分析师的假定的严重性"❶。这段评论鲜明地反映出德波对拉康的学术并不怀有思想上的敬意。

在学理层面上，在仔细分析德波的"盛景社会"与拉康的"想像秩序"后，我们确实能够发现，德波对于"图像"的主题化与理论化，纯然没有从拉康那里做过任何直接或间接的援引或"借鉴"。❷

在本文以下篇幅中，我将通过概念梳理与深度分析指出，这两个概念实是各有其思想源头：德波的"盛景"概念从经典马克思主义关于商品拜物教、物化与异化的论述中脱胎而来；而拉康的"想像秩序"则来自精神分析传统，发展自其早年的"镜像阶段"理论。

然而，对这两个在思想史中并未发生"交叉"的概念系统，去做出一个"并置"（juxtaposition），却并非毫无意义：它能使我们进一步厘清这两位思想家之概念构架各自所具有的独特的分析性－批判性力量，并在比较性框架中展示出二者内在的深刻的不兼容性，而这份不兼容性本身，则深层次地映照出欧陆思想内部的一个根本性裂道。

一、盛景，到处是盛景

德波的"盛景社会"批判，诚系马克思主义思想传统内部的一个激进推进。盛景化，紧承马克思主义经典作家关于异化、物化、商品拜物教（或物神论）发展而来。首先需要阐明的是：为什么将"spectacle"翻译为"盛景"而非汉语学界目前通译的"景观"？那是因为该词不管在法语还是英语里，都并非是指寻常景观，而是盛大的景像，让人一看到后眼睛不再能轻易移开的景像——简言之，让人"一看就会流口水"的景像。盛景是这样一种图像的积聚，它包围眼睛、轰炸眼睛、诱惑眼睛，使人目不转睛、使人眼花缭乱。在这个意义上，盛景，正是《老子》所说"五色令人目盲"❸的"色"。

故此，作为盛景的图像，并不是呈现在眼中的客体意义上的中性的"对象"——所谓的"图像-对象"（image-object）。盛景通过刺激感官（"视觉神经"），来牵动甚至制造欲望，它是一个欲望生产机器。正是在这个意义上，当下"晚期资本主义"时代的消费社会，实是称得上一个名副其实的"盛景社会"，即通过大众媒体，商品铺天盖地地席卷生活的各个领域，你只要睁开眼，触目所及皆是商品，不管是其赤

---

❶ 考夫曼.居伊·德波：诗歌革命[M].史利平，译.南京：南京大学出版社，2015：154.
❷ 马丁·杰在其研究20世纪法国视觉思想的著作中就专门认肯这个观点：即便没有拉康的影响，法国20世纪60年代的激进话语也能发展出像德波《盛景社会》这样的视觉批判著作。(Martin Jay. Downcast Eyes: the Denigration of Vision in Twentieth-Century French Thought. Berkeley: University of California Press, 1994: 377.)
❸ 随后《老子》便说，圣人之所以为圣人，就在于他能"为腹不为目"。

裸裸形态，还是其较为隐晦的形态，甚至所谓的"旅游业"，使"世界"本身变成一个最大的盛景。❶

这就是德波的核心论题：资本主义在20世纪后半叶已发展到了一个新的阶段，商品形式穿透到大众沟通中，就产生盛景。"盛景是资本累积到这样一个程度——它变成了图像。"❷

商品在市场的流通已然首先表现为其图像展示（imagitive representations）在各种媒体渠道的流通。

日常生活彻底被商品——商品的图像展示（盛景）——所殖民化。这种盛大景像，将人紧紧地组织进欲望生产-商品消费的消费主义（晚期资本主义）秩序中。是故，"盛景不是图像的一个集合；而是一个由图像所规介的人们之间的社会关系"。❸

是以，盛景不仅是图像而已，而是将人组织进某种政治秩序的图像矩阵，它是一个自我填充性、自我整体化的社会控制机制。因此不能简单地说在晚期资本主义社会中人被图像统治，而是人被那作为商品展现的盛景图像所构筑起的社会-政治结构所统治。

这个结构，就是德波眼中资本主义发展的高级形态，在其中人的异化也进入高级形态：异化与物化体现在人不再是活生生地生活，而是活在图像秩序里，"在任何地方，其他人所选择与建构的图像已成为个体同世界的首要联结"❹。

这样的个体，是真正的"个体"（包括作为个体的他/她自己，以及所有其他人）之反面，因为他/她拒绝了所有的自主性——他/她不再生活，而是沦为"观景者"（spectator）。

消费绝不再是基于个体消费者"自主的"判断，而是有一个全盘规划的社会机制。商品通过大众媒体而形成盛景，而这个盛景社会"不能留给受剥削的大众任何做选择的重要空间，因为它必须由它来做所有的选择"❺。

异化就在这个点上产生。"其他人任凭其意愿地掌控着关于感性世界的那被简化了的概览，决定着'图像'流该往哪个方向去，以及关于什么应被显示的节奏，就像某种永恒的、武断的意外惊诧，不给人以反思的时间，并完全独立于观景者对它的可能的理解与想法。"❻

这就是德波所描述的盛景社会，曾经活生生的事物，现在我们已经视而不见，我们眼里只有商品的图像性展示——大众媒体对商品的眼花缭乱的浮夸展现。盛景成为了社会控制的核心机制，生活各个领域都被商品化、盛景化。

---

❶ 德波本人在《盛景社会》一书的第168条论纲中专门提及当时正兴起的旅游业。［Guy Debord. The Society of the Spectacle［M］. Donald Nicholson-Smith, trans. New York：Zone, 1995：120 (thesis 168).］
❷ Ibid：24 (thesis 34).
❸ Ibid: 12 (thesis 4).
❹ Guy Debord. Comments on the Society of the Spectacle［M］. Malcolm Imrie, trans. London：Verso, 1990：27.
❺ Guy Debord. The Society of the Spectacle［M］. Donald Nicholson-Smith, trans. New Yok：Zone,1995：39, 41–42 (theses 61, 64).
❻ Guy Debord. Comments on the Society of the Spectacle［M］. Malcolm Imrie, trans. London: Verso,1990：28.

"因为盛景到处都在，所以观景者无家可归"❶，他/她的所有姿态都不是他自己的，而是被引导的、被表征的。

通过盛景概念，德波要我们注意在大众传媒时代，商品不只是生活的一个面向，而是生活的各个面向，即通过支配我们之"所见"，盛景制造的是关于商品与消费的"世界观"；并且此种"世界观"的灌输，通过我们对自己眼睛的盲目信任，已经转变为一种"客观的力量"。❷

正是借助这种客观化的外衣，盛景有效地致使一个社会整体性地去政治化。盛景社会"通过根除有组织的革命或多或少可有效找到表述的那些社会领域，来根除所有有组织的革命"。❸换言之，盛景——和与之相随的狂热消费——吸耗了人们所有的关注，占据了所有的沟通性空间，导致整个社会的一种"对所是的普遍接受"(general acceptance of what is)。❹

商品彻底统治人，当人只知道注视盛景时；在注视中，人被拆成一个个单子，和社会隔裂（甚至家庭也被割裂），是故"盛景社会"又被德波称作为"隔裂的社会""没有共同体的社会"。❺

这就是为什么所谓的"发达资本主义国家"越来越少有革命，不是因为它进入了"丰裕社会"（affluent society），而是进入了盛景社会。对于资本主义所自我标榜的"丰裕社会"，德波的反驳是："这种丰裕从来不是自然的或人类的，它只是商品的一种丰裕。"❻

正是在这个去政治化的意义上，盛景是对资本主义"既存系统之诸种状况与目的的一个总体性的辩护"，并保证这个辩护永久在场；而这种辩护，就是用没有辩护来进行辩护。❼

这就是为什么德波在其著名的《关于情境构建的报告》开篇就写道："首先，我们认为世界必须被改变。"❽盛景社会必须被打破。

就盛景"殖民"人们之日常生活各个面向而言，德波甚至可以说是一个前瞻性的思想家❾。因为在我们这个时代，盛景对日常生活的"殖民化"程度要远远显著于

---

❶ Guy Debord. The Society of the Spectacle [M]. Donald Nicholson-Smith, trans. New Yok: Zone,1995: 23 (thesis 30).
❷ Guy Debord. The Society of the Spectacle [M]. Donald Nicholson-Smith, trans. New York: Zone, 1995: 13 (thesis 5).
❸ Guy Debord. Comments on the Society of the Spectacle [M]. Malcolm Imrie, trans. London: Verso,1990: 80.
❹ Ibid: 28.
❺ 德波强调：只有通过隔裂，图像才能更好地统治个体。[Guy Debord. The Society of the Spectacle [M]. Donald Nicholson-Smith, trans. New York: Zone,1995: 122, 137 (theses 172, 192).]
❻ Guy Debord. A Sick Planet [M]. Donald Nicholson-Smith, trans. London: Seagull, 2007: 15.
❼ Guy Debord. The Society of the Spectacle [M]. Donald Nicholson-Smith, trans. New York: Zone,1995: 13, 138 (theses 6, 194).
❽ Guy Debord. "Report on the Construction of Situations and on the Terms of Organization and Action of the International Situationist Tendency," The Society of the Spectacle [M]. Donald Nicholson-Smith, trans. New York: Zone,1995: 29.
❾ 德波本人曾有一个很著名的预言（在1971年作出）：到2000年，我们将面对一个"病态星球"：一个病态但具有强力的社会，将重新创造整个世界。参见 Guy Debord. A Sick Planet [M]. Donald Nicholson-Smith, trans. London: Seagull, 2007: 81.

20世纪60年代。❶

德波曾把人们对商品图像的狂热，同宗教拜物教的狂热进行类比❷，而这份狂热，在当代达到了前所未有、无以复加的程度。购物网站、手机应用等成为了许多人们流连忘返的胜地，每天随时随地浏览各种"爆款"商品、"聚划算""天天特价"……商品图像在社会生活各面向上的"全景式传播"（地铁、高速公路、电视、手机……），使一个人只要睁开眼睛，势必会有"盛景"入目。

当代盛景的全方位攻击眼球，已刺激起更超越于宗教狂热之上的购物狂热——"全民疯抢"。这就是为什么会有这样的建议：在"双十一"之前必须把太太的信用卡剪掉……在这个时代，消费主义已经进入彻底狂热状态。盛景展示——通过媒体图像化的商品——无间断地扭曲着你的眼球与心智，告诉着人们哪些东西你必须拥有。

在"殖民"了日常生活各个面向之后，盛景现在亦已彻底殖民了人的身体本身，它们的物理性存在在今天已转化成盛景性存在（商品化的、欺骗性的图像）。

活跃于各类媒体上的"明星"，正是盛景最典范性的例示。诚如德波当年所说，"媒体明星是活着的人类的盛景式展示"。明星之所以成为明星，正是因为他们"拥抱一个比大多数非重要个体生活更低层次的现实"；而一个本身已全部成为商品的文化，势必将变成盛景社会的"明星商品"文化。❸

换言之，"明星文化"政治上不是中性的（politically neutral），而恰恰是盛景进行社会控制的一个关键装置。

进一步地，在当下社会，我们每个人被缩简为名副其实的"观察者"，与此同时，我们亦恰恰在竭尽全力地去使自身成为盛景的一部分通过盛景化消费，人们争先恐后地努力使自己成为被注视的盛景。

德波所说的人与人关系变成商品与商品关系，更进一步变成图像与图像关系，在今天活生生地呈现在社会生活各个面向上。我看到你，首先看到不是你这个人，而是你背的什么包、系的什么皮带、手里拿着什么手机……换言之，我们都成为了一个个身体被分解成盛景的一部分。

二、一切都是假像：德波的盛世危言

德波关于"盛景社会"的政治本体论命题就是，它是一个虚假的秩序。这个洞见和拉康关于"想像秩序"的阐述达成了高度契合。德波强调：盛景是"幻像与错误意识的场所"，是"社会之真实的非现

---

❶ 事实上，德波的盛景概念，当年曾遭到大量的批评与质疑，譬如福柯就在其名著《规训与惩罚》中直接写道："我们的社会不是盛景社会，而是监视社会"。德波自己在出版于1988年的《〈盛景社会〉评注》中说，《盛景社会》一书曾被指责为"从虚空中发明了盛景"，并肆无忌惮地夸大盛景的"深度、统合及其诸种真实作业"。参见 Michel Foucault. Discipline and Punish: The Birth of the Prison [M]. Alan Sheridan, trans. New York: Vintage, 1979: 217; Guy Debord. Comments on the Society of the Spectacle [M]. Malcolm Imrie, trans. London: Vero, 1990: 3.

❷ 在德波看来，盛景是"宗教幻像的物质性重建"，是"神圣之域的一个似是而非形态"；盛景社会中的消费是"一种向商品之至高自由致敬的宗教狂热的奔流"。[Guy Debord. The Society of the Spectacle [M]. Donald Nicholson-Smith, trans. New York: Zone, 1995: 18, 20, 43–44 (theses 20, 25, 67).]

❸ Guy Debord. The Society of the Spectacle [M]. Donald Nicholson-Smith, trans. New York: Zone, 1995: 38, 40, 137 (theses 60, 61, 193).

实（real unreality）"。❶马克思当年观察到，在资本主义时代"一切坚固的事物皆化为烟云"，而在"高级资本主义"（advanced capitalism）时代，一切则皆已化为盛景，"所有曾直接被生活过的事物，都成为展像"。所有人类生活（社会生活），都只是显像（appearances）。❷

然而问题在于：在今天，由于恰恰是盛景构筑起了人们眼中的"现实"（"所见即所得""无图无真相"……），于是它反而成为"真实的"。"现实在盛景内部喷发，而盛景是真实的""真实世界变成真实图像，那么纯粹图像则被转型成为真实存在"。❸

是故德波有如下论断：所谓"真相"，本身是"假像的一个瞬间"。❹这个时代宣称"无图无真相"，然而那代表"真相"的图像恰恰正是一堆"假像"（假冒的"真相"）。

《红楼梦》名句"假作真时真亦假"，在德波这成为了当代社会的本体论状况（"真实的非现实"）。

德波所分析的盛景是人们作为欲望的对象，但无法直接生活（directly lived）。对于盛景，你永远不能走近，永远"隔着几步之远跟随着"，永远只能隔着一个距离去注视，"如果没有这一微小的距离，那就会变成彻头彻尾的故弄玄虚"❺。换言之，你只需要做好盛景下的顺从者（观景者）罢了。

人的生活，在盛景社会中被反转为"非生活"（non-living）。根据德波的理论，盛景就是"非生活的自主运动"，是"伪需求的一种不停制造"。❻

在德波的分析里，这种"虚假现实"之形成，乃肇因于资本主义系统之兴起——其中的关键，就在于"使用价值"与"交换价值"的分离，以及后者对前者的逐渐取代。在其向德波致敬的文章中，阿甘本（Giorgio Agamben）称"盛景"是"资本之'成为图像'"，并将其定位为商品的最后一个大变形：在盛景社会里"交换价值"完全遮盖"使用价值"，并完全获得支配生活之整体的"绝对的与不负责的至高权力"。❼

当年马克思观察到，随着资本主义的兴起，劳动产品（products of labor）在市场中被转换成了"商品"（commodity），这就在它内部产生出了一个分裂——其在市场上的"交换价值"（作为商品）与前市场的"使用价值"（作为劳动产品）的分裂。而阿甘本进一步指出：此中关键在于，"交换价值"并非内生于该事物本身，实际上是"所有权"的一个附生产品——只有在占有

---

❶ Guy Debord. The Society of the Spectacle [M]. Donald Nicholson-Smith, trans. New York: Zone 1995: 12, 13 (theses 3, 6).

❷ Ibid: 12, 14 (theses 1, 10).

❸ Ibid: 14, 17 (theses 8, 18).

❹ Ibid: 14 (thesis 9).

❺ Guy Debord. A Sick Planet [M]. Donald Nicholson-Smith, trans. London: Seagull, 2007: 24.

❻ Guy Debord. The Society of the Spectacle [M]. Donald Nicholson-Smith, trans. New York: Zone, 1995: 12, 33 (theses 2, 51).

❼ Giorgio Agamben. Means Without End: Notes on Politics [M]. Vincenzo Binetti and Cesare Casarino, trans. Minneapolis: University of Minnesota Press, 2000: 76. 德波自己对交换价值压倒使用价值的分析，请参见 Guy Debord. The Society of the Spectacle [M]. Donald Nicholson-Smith, trans. New York: Zone, 1995: 31-32 (thesis 46).

的基础上，交换价值才得以成立，并一步步盖过使用价值。

换言之，只要"所有权"的框架得以确立，事物的交换价值就会一步步取代使用价值，而盛景社会就是该过程的终点——交换、消费与商品拜物教，最终会彻底取代共通使用。在资本主义最后形态中，自由使用不再可能，事物同其功能之间的"自然关系"被彻底打断。

在德波-阿甘本的分析框架中，盛景社会之所以会形成，是因为在早期资本主义向晚期资本主义的转化过程中，消费形态从为了事物的使用功能而消费，逐渐转变为拜物教式的消费；而当这个转化彻底完成后，一切事物尽皆变为拜物性的对象（things as fetish objects），同其使用不再有任何相关。❶

故此，如果说马克思所生活的19世纪工业资本主义聚焦在生产上，那么20世纪后半叶以盛景社会为特征的"高级资本主义"，则越来越多地聚焦在消费上。而德波的贡献，是看到了消费主义逻辑，必然会造成从商品化到盛景化这个进阶性转化。卢卡奇（György Lukács）已经把商品作为资本主义的定义性特征，德波则进一步指出，盛景乃是商品形态的逻辑发展，"我们看到的世界，就是商品的世界"。❷

人与人的关系首先被异化成物与物的关系（马克思），然后被异化成表像（商品之图像展示）与表像的关系（德波）。

因此，盛景化是异化状态的异化（"双重异化"）。当交换价值彻底压倒使用价值，"真实的消费者变成了一个消费幻像的人"，他/她"被动接受一个异化的日常现实"。❸

在作为虚假秩序的盛景社会中，生活/存在首先变成占有/拥有，然后变成显像/表征。❹

高级资本主义的市场规律（"盛景规律"）就是：能显现出来的所有东西，都势必是好东西；或者反过来说，是好东西，就势必会显现。

是故，盛景社会，是"显像王国"对社会生活的全面垄断。❺在工业资本主义时代人虽然被异化，但仍能看到自己遭受剥削的枷锁，而在高级资本主义时代，生活从这个异化状态被进一步异化，连枷锁也不再可见：前者通过劳作控制人，而后者则通过闲暇（购物）来进行控制。❻

这在德波看来，是至为可怕的。"一场

---

❶ 这就是阿甘本对晚期资本主义的诊断：随着商品化的扩展，物品的使用价值最终会被清空，被侵蚀殆尽，只留下空白的形式，而不再需要去变得可用。资本主义社会最后产生的，是使用的绝对不可能性。更进一步的论述，请参见：吴冠军. 关于"使用"的哲学反思：阿甘本哲学中一个被忽视的重要面向[J]. 马克思主义与现实, 2013(6): 18-26.

❷ Guy Debord. The Society of the Spectacle [M]. Donald Nicholson-Smith, trans. New York: Zone, 1995: 29 (thesis 42).

❸ Ibid: 32, 153 (theses 47, 219).

❹ Ibid: 16 (thesis 17).

❺ Ibid: 15 (thesis 12).

❻ Ibid: 30, 39 (theses 43, 60).

关于闲暇的战斗正在我们眼前发生，其在阶级斗争中的重要性尚未得到足够分析。"❶

"盛景是一种给奴隶们服用的迷药"。❷ 这就是德波对当代社会所下的诊断，这种药不使人致命，但会使人永远生活在幻景中并为之迷醉癫狂，人永远不再有本真体验。

"对一个全然臣服于盛景之统治的存在者来说，其致命性的伴生物便是人格的抹销，这个存在者更是被抹除了本真体验的可能性，以及因而被抹除了诸种个体性偏好的发现。"❸ 和同时代的（后）结构主义思想家关于"人之死"的诊断不同，在德波看来，人没有死，他们只是在盛景社会中不再本真生活而沦为"非生活"。

三、幻想的瘟疫

论述到此处，我们有必要把拉康拉进画面，那是因为：在20世纪法国思想中，德波绝非那第一个宣称我们眼中之见乃"海市蜃楼"之人。

作为德波的上一代思想家，精神分析师拉康远早于德波而对"图像"做出了主题化处理，把它置于其研究的核心（拉康甚至曾声言图像是"心理学的真正对象"❹，并且提出了一个更离奇的"反常识"命题：你眼中所见之"图像"，永远只是你的"想像"。

德波论图像的核心词是"盛景"，而拉康则是"幻想"❺；两者皆指向一个"海市蜃楼"般的"虚假现实"，然而各自具体的论述进路却是相当不同。

对于拉康而言，图像同样是靠不住的，"image"直接通向"imaginary"（想象）。你所看到的图像，总是倚赖你的想象。对于拉康，"自我"（ego）的产生，就是想象（the imaginary）的结果，"自我实是一个客体"，"自我绝不可能是除一种想象性功能之外的任何其他东西，即便在某个程度上它决断了主体之结构化"。❻

作为精神分析师，拉康关心的是"主体性综合"（subjective synthesis）的问题，即，关于"我"的认同是怎么产生的。

拉康反对把这个过程——"自我"的产生——描述为一个"客观"进程，反对把"自我"等同为主体之"是"（being）。❼ 在他看来，"自我"开始形成，就是受到图像的欺骗——你看到的所有图像，都是"误认"，都是幻想的操作。

何以如此？那是因为：你在镜子中看到的那个图像，只是你想像出来的"理想－我"（Ideal-I），然而你却恰恰将自己认同到这个"理想－我"上，并对此深信不疑。

---

❶ Guy Debord. "Report on the Construction of Situations and on the Terms of Organization and Action of the International Situationist Tendency". The Society of the Spectacle [M]. Donald Nicholson-Smith, trans. New York: Zone, 1995: 46.

❷ Guy Debord. A Sick Planet [M]. Donald Nicholson-Smith, trans. London: Seagull, 2007: 24.

❸ Guy Debord. Comments on the Society of the Spectacle [M]. Malcolm Imrie, trans. London: Verso, 1990: 32.

❹ Jacques Lacan. "Presentation on Psychical Causality". Écrits [M]. Bruce Fink, trans. New York：Norton, 2006: 153.

❺ 在弗洛伊德－拉康精神分析传统中，"幻想"（fantasy）与"幻像"（fantasm）两词可彼此替代使用。

❻ Jacques Lacan. The Ego in Freud's Theory and in the Technique of Psychoanalysis. [M]. Sylvana Tomaselli, trans. New York：Norton, 1991: 49, 52.

❼ Jacques Lacan. "Presentation on Psychical Causality". The Ego in Freud's Theory and in the Technique of Psychoanalysis [M]. Sylvana Tomaselli, trans. New York: Norton, 1991: 145.

根据拉康著名的"镜像阶段"论,婴孩一般长到六个月大以后,会开始对镜子中的图像感兴趣,即开始把属于"自己身体"的那部分同背景区分开来。

拉康指出,当主体假设(assume)一个图像时,"认同化"就在主体内部发生了。更具体地说,当婴孩把自己"认同"为(想象为)镜子里那个外在图像的时刻,"自我"就产生了——有了一个统一的"我"。❶"自恋/对镜自怜"(narcissism),就是这一幻想性操作的心理结果。

"盛景"这个词,甚至在拉康这里已经被得到使用,幻想性的场景(fantasmatic scene),总是展现为一个盛景。

在拉康看来,镜中图像对婴孩所提供的便是"对模仿建议的盛景式认同":"在其对自我(self)的感受中,主体对他者之图像进行认同化,后者用在主体内部的这种感受对其进行迷惑"。❷拉康尤为强调:镜中图像的想像性效应,就是迷惑与俘获。❸遭受迷惑的主体,便把"他者之图像"误认为真实的自我。于拉康而言,这种误认是"主体性"所内嵌的一个永久结构(每个人自六个月大后就陷入这一结构中)。

对于拉康这个"反常识命题"(图像即想象),可以用一个日常生活中的例子来进行阐释:每次和爱人外出游玩时,我蹲下为她拍完一组照片,下一刻她总会拿过相机进行查看并且边看边删,不但我的抗议(这样立即大量删太不尊重我的劳动成果)无效,还被逼迫删除相机在云盘上即时自动备份的对应照片(说是不能留下任何"黑历史")……这个日常生活中活生生的例子难道不正是展示了,在看照片之前,被照人首先会有一个自己想象出来的关于自己的形象("理想-我"),而任何不符合这个幻想框架的图像,则竟是看都不看,必须即刻予以删除……此处可见,每个人都具有一个幻想框架,来使他/她判断"真"与"假",使他/她"看到"或"没有看到"(或"必须不看到")。我爱人那习惯性删图之举,完美印证了拉康所说的"没有东西能将自我同其诸种理想形态能区隔开来"。❹同样地,这些年流行的"自拍照"(selfie),几乎张张都是从固定角度拍出来(向下斜45°):这就是"理想-我"的成像角度,它捕捉的是每个人对自己的虚幻想象(一个虚假的"盛景")。在这里,我们可以捕捉到拉康对德波命题的一个实质性推进("反时间性"地推进),即"盛景"对主体能够产生迷惑效应的根源便在于,图像的背后,恰恰是想象;主体的"认同化",永远是一个误认。

和德波的"盛景"概念相似,"幻想"在拉康的分析中,也恰恰起着欲望制造的作用。然而拉康的分析再一次对德波构成了一个"反时间性"的推进。在德波这里,虚假的视觉刺激直接构成欲望的生产("伪需求");而对于拉康而言,视觉刺激需要幻想框架的支撑,才能有效达成欲望的生

---

❶ Jacques Lacan. "The Mirror Stage as Formative of the I Function as Revealed in Psychoanalytic Experience" and "Presentation on Psychical Causality". Écrits[M]. Bruce Fink, trans. New York: Norton, 2006: 75–76, 151–152.
❷ Jacques Lacan. "Presentation on Psychical Causality". Écrits[M]. Bruce Fink, trans. New York: Norton, 2006: 147.
❸ 拉康用其自造词"captation"同时表达图像对主体的迷惑(captivation)与俘获(capture):前者标识图像的引人入胜的、诱惑性的力量,后者标识了图像将主体因禁在一个致残性的固化状态中的力量。
❹ Jacques Lacan. "Presentation on Psychical Causality" Écrits[M]. Bruce Fink, trans. New York: Norton, 2006: 146.

产，因为图像之捕获人的力量，根本在于后者自身之想象。

拉康正是在这个意义上提出其著名论述："人的欲望就是他者的欲望"。❶这也就是商品广告纷纷找明星"代言"的根本秘密——确保你"看见"他们以最直接的方式告知你，这些东西有多"赞"。在那一刻，你"感受"到了自己也想要它的欲望，即正是在那一刻，你把他者的欲望误认为自己的欲望。"我欲望它意味着——你这个他者，作为我之统一性'之根据'的你，你欲望它。"❷

这就是拉康"镜像阶段"的基本命题：主体的镜中图像，和海报或屏幕里的"明星"一样，恰恰是一个他者（"小他者"）❸；而这个他者，则正是你的自我之"统一性"的根据——通过对他者的误认，你才产生"自我"（"自己的欲望"等）。

在镜像阶段，真实身体和镜中图像（以及其他他者的图像）之间，产生了虚假的对应：后者，使人产生自身统一性与整体性的错觉，诸种碎片化的对象（拳头、脑袋……）被转换成了一个统一整体（"我"）下的各个有机部分。正因此，"镜像性的小他者"便实是自我之统一性的最终根据，并且该根据是一个幻想性根据。与镜中图像确立想像性关联（误认）所带来的，是一种狂喜（jubilation）——主体误以为自己有了总体性的自我支配。

但是根据拉康所说，"他只是从外部而感知到此镜中图像的统一性，并且是以一种本就在期待着'此种统一性'的方式。"❹

在拉康看来，主体的这种"认同化"的问题就在于：它建立在如下这种撕裂之上，该撕裂"将主体置于一种依附性的状态中，主体依附于一个被理想化的、被强迫加诸其上的关于自身的图像"。❺

"理想-我"或者"理想-自我"，是"在同一层面面对着我们的那个想象性他者，它以其自身代表了那个将我们剥夺一空的那个人"。❻

所以，在拉康这里，异化并不是随着资本主义状况之兴起而到来，而是每个人到六个月之后就会结构性地陷入其中。"图像对人类的首要效应，就是主体之异化效应"，"异化是想象秩序的构成性要素。"❼

在德波这里，当商品把所有活生生的体验生活都压倒之后，"图像时代"就到来

---

❶ Jacques Lacan. Freud's Papers on Technique [M]. John Forrester, trans. New York：Norton, 1988: 176-177. 或反过来说，"当他人获得那个对象，那是因为它归属于我"。Jacques Lacan. The Ego in Freud's Theory and in the Technique of Psychoanalysis[M]. Sylvana Tomaselli, trans. New York: Norton, 1991: 51.

❷ Jacques Lacan. The Ego in Freud's Theory and in the Technique of Psychoanalysis[M]. Sylvana Tomaselli, trans. New York: Norton, 1991: 51. 限于篇幅，此处无法完全展开关于幻想与欲望之内在关系的拉康主义分析，这方面的详细展开请参见：Guanjun Wu. The Great Dragon Fantasy: A Lacanian Analysis of Contemporary Chinese Thought[M]. London: World Scientific, 2014: 80-90.

❸ 拉康把整个"符号秩序"称作"大他者"。参见：吴冠军.有人说过"大他者"吗？——论精神分析化的政治哲学[J].同济大学学报(社会科学版), 2015(5): 75-84.

❹ Jacques Lacan. The Ego in Freud's Theory and in the Technique of Psychoanalysis [M]. Sylvana Tomaselli, trans. New York: Norton, 1991: 166.

❺ Jacques Lacan. The Ethics of Psychoanalysis [M]. Dennis Porter, trans. New York：Norton, 1992: 98.

❻ Ibid: 234.

❼ Jacques Lacan. "Presentation on Psychical Causality". The Ethics of Psychoanalysis [M]. Dennis Porter, trans. New York: Norton,1992: 148; Jacques Lacan. The Psychoses [M]. Russell Grigg, trans. London：Routledge, 1993: 146.

了——盛景无所不在，把人的本真生活彻底异化。❶ 而在拉康这里，当人在其婴孩时期第一次认同自己镜中图像时，他/她已然被异化（陷入"图像"的支配中），自此和真实（the Real）彻底隔绝。"镜像阶段"中的这种异化性的"误认"（把自己认同为镜中图像），在随后的成长中会进一步扩展开来，把自己误认为各种"理想-我"，仿似自己就"是"后者……这便是"镜中我"（想像秩序）向"社会我"（符号秩序）的扩展：通过对图像的误认、与"原始自恋"的产生，"镜像阶段"进一步使"我"关联到各种社会性展开的情境中。❷ 故此，拉康强调："图像（imagos）的功能，就是在一个有机体与它的现实之间去建立一个关系。"❸

而这个"现实"并非真实秩序，它的统一性与整体性是基于幻想之上。❹

前面已述及，在拉康这里，"自我"之统一性即为想象性产物，产生自镜中图像和真实身体（碎片化的身体）之间的想象性对应。进一步地，"他身体的图像成为了如下原则：他在诸种对象中所察知到的每一种统一性，都是根据该原则而确立起来的"，"其世界中所有的对象，都永远围绕他一己的那个自我之游荡着的阴影而被构型起来。"❺

而"镜像阶段"的关键，就在于生成那些幻想，它们使这样一个转换成为可能——"从关于身体的一种碎片化图像，到一种作为最终穿戴上盔甲的异化中的认同，而这个异化中的认同，将用其严苛的结构，刻写进他'婴孩'的整个精神发展中"。拉康把幻想的这种神奇操作，称作关于身体之整体性的一种"整形"手术，使婴孩从一个有机体进入其"现实"中。❻

换言之，一个人从原始有机体（碎片化的身体）到生活在"现实"中的个体（社会我），恰恰是经过了幻想的"整形"操作——建构虚假的统一性。然而一旦该统一性建立起来后，它便成为一种严苛结构——"现实"不可改变，它具有"客观性"。

故此，拉康指出"我"是一种"机械装置"，对于这种装置来说，"任何本能性的力量都构成了一种危险"。"自我"一旦

---

❶ Guy Debord. The Society of the Spectacle [M]. Donald Nicholson-Smith, trans. New York: Zone, 1995: 26 (thesis 37).
❷ Jacques Lacan. "The Mirror Stage as Formative of the I Function as Revealed in Psychoanalytic Experience". The Ethics of Psychoanalysis [M]. Dennis Porter, trans. New York: Norton, 1992: 79.
❸ Ibid: 78. 拉丁语"imago"这个词在拉康之前就被荣格引入精神分析理论，它强调的是图像在主体那里的定型，拉康把它视作为一个"心理对象"（Jacques Lacan, "Presentation on Psychical Causality". The Ethics of Psychoanalysis [M]. Dennis Porter, trans. New York: Norton, 1992: 154）。拉康研究专家格劳温斯基正是在"imago"之荣格主义/拉康主义双重意义上宣称，"视觉图像是个人与其他人之关系中的一个决定性因素"。Hugutte Glowinski. "Aggressivity". A Compendium of Lacanian Terms [M]. London：Free Association, 2001: 5.
❹ 对于拉康而言，"现实"永远是符号秩序(语言矩阵)+想像秩序(幻想框架)，而彻底远离真实秩序：语言（"无图无真相"的符号）扭曲真实，图像亦根本性地扭曲真实(有图亦无真相)，而"现实"就是此两者结合在一起而构型。
❺ Jacques Lacan. "Presentation on Psychical Causality,". The Ethics of Psychoanalysis [M]. Dennis Porter, trans. New York: Norton, 1992: 166.
❻ Jacques Lacan. "The Mirror Stage as Formative of the I Function as Revealed in Psychoanalytic Experience". The Ethics of Psychoanalysis [M]. Dennis Porter, trans. New York: Norton, 1992: 78.

构成，伴随其误认功能，它就成为一种防御性结构（"最终穿戴上盔甲"）。❶

通过幻想建立起来的"我"与"现实"不允许被刺破。英文里有一句习语表述，"Don't shoot the messenger"（别杀信使）。信使容易被杀恰恰是因为人们对那传送不符合其自我"感知"之信息的人（破坏自己幻想性场景的人），往往是极度残忍的！❷

这反过来说明了人对"自我"的"原初恐惧"：自己可能没那么好，那么理想（自己身体可能是一个碎片化的身体），这种恐惧会使人具有侵犯性，此种侵犯不仅是对他人的侵犯，还是对自己的侵犯。极度自爱与对自己的"自戕式侵犯"（自爱的相反极端）❸，恰恰是"自恋"的两种形态。

今天人们对自己想象性"形象"的严苛程度，不只是体现在前述的大量删图的层面上，例如大量女性（包括男性）不惜对自己的脸与身体进行"整形"——按照"他者之图像"对自己做"自戕式侵犯"！

我们看到：在德波这里，在图像的作用下，人们在"盛景社会"中尽管没有死，但是也没有活（"非生活"）；而对于拉康而言，在图像的作用下，人从一开始（六个月大）就已活在幻想（"想像秩序"）中，甚至到了不惜自戕的程度。

四、结构性进路VS历史性进路

和德波一样，拉康在政治本体论上的姿态是：我们的"现实"，是一个虚假秩序。图像–想象所带来的秩序，是一个"错误的现实"，尽管仍算是一个"经过检验的现实"。❹

在拉康看来，所谓"感知"，就是主体同"一个被给予的图景（picture）的一个总体性关系"，"在该图景中人总是能在某处认出他自己，并且有时还在一些地方看到他自己。"❺

故此这个"现实"图景尽管能经过"检验"，但在本体论层面上仍然是虚假的、错误的。拉康甚至强调，"现实"并不比梦更真实，现实之所以给人感觉"真实"，全是"因为它包含那些表征其自我之多样化图像的因素"。❻

正是基于这个政治本体论，拉康的精神分析可以发展出一个激进政治哲学。正如马丁·杰（Martin Jay）所言："拉康对视觉的心理学分析，可以很容易被吸收入一个社会与政治的批判中"。❼

前文已经通过具体分析展示了拉康对

---

❶ Jacques Lacan. "The Mirror Stage as Formative of the I Function as Revealed in Psychoanalytic Experience". The Ethics of Psychoanalysis［M］. Dennis Porter, trans. New York: Norton, 1992: 79, 80.
❷ 关于幻想与暴力之内在关系的分析，请参见 Wu Guanjun. The Great Dragon Fantasy: A Lacanian Analysis of Contemporary Chinese Thought［M］. Singapore: World Scientific, 2014: 153–156.
❸ Jacques Lacan. "Presentation on Psychical Causality". The Ethics of Psychoanalysis［M］. Dennis Porter, trans. New York: Norton, 1992: 152–153.
❹ Jacques Lacan. The Ego in Freud's Theory and in the Technique of Psychoanalysis［M］. Sylvana Tomaselli, trans. New York: Norton, 1991: 244.
❺ Ibid: 166.
❻ Ibid: 166–7. 我们在梦里面常常会"看到"包含"碎片化的身体"的画面，但对于拉康而言，这才更接近真实。这使得拉康对梦进行解析。
❼ Martin Jay. Downcast Eyes: The Denigration of Vision in Twentieth–Century French Thought［M］. California: Vniversity of California Press,1994: 383.

于图像的主题化分析，不少地方上皆可视作对德波命题的一个"反时间性"推进。然而，他们两人同样存在着根本性的、无法通约的差异，这首先体现在研究进路上的不同。两人之间的其他差异，都从这点上延伸出来。

和德波的马克思主义进路不同，拉康的精神分析进路首先强调：人的异化，并不是到资本主义状况下才发生，而是早已发生在每个人最初构建"自我"的那个"镜像阶段"中。这个诊断上的不同，具有着政治面向上的后果，由于拉康并不像德波那样把人的异化与"现实"的虚假化仅仅看作是资本主义的产物，故此他并不会像后者那样得出一个明朗的解放性方案，即真实或本真生活可以通过革除资本主义而重建。

德波的"盛景社会"批判，通向一个光明的解放性前景，"人们必须把伪沟通的所有形式送入其彻底毁灭，而在某天抵达真实的与直接的沟通。"❶

换言之，在德波所描绘的"盛景与人类的真实活动之间的对抗"❷中，后者是有可能胜出的。然而对于拉康而言，真实（"本真体验""真实活动""真实的与直接的沟通"等）是主体根本抵达不了的那个位置。在真正进入社会之前（在其"镜像阶段"中），个体就已经陷入"一个虚构的方向"，而此后无论如何都去除不了这个虚构方向，无论这个主体如何成功地把自我统合起来，他将永远和他/他的真实（the Real）保持一个结构性的距离。❸

主体无法再对自己身体有直接接触，而是必须通过图像——"理想-我"（理想化的他者）的图像——之调介。在"镜像阶段"之后，人被图像——镜中的"魔影"（phantom）——所支配；而"这个镜中图像就是视觉世界的入口"。❹

图像，用拉康的精神分析说法，就是一个"想像性的空间-时间情结"❺，它是主体与他人进行相关、与"现实"进行相关的最本根性-初始性的路径，并且作为一个永远的坏消息，这个根本性路径是一条欺骗性路径——基于图像之上的整个"现实"只是一个"想像性秩序"❻，而"真实秩序"则永远不可企及。

换言之，没有一种解放性的政治，能够使人最终抵达真实。

我们已经很清楚地看到，德波对"盛景社会"的分析是一个历史性的分析，深深地根植于从马克思到卢卡奇对资本主义历史性发展的批判性分析之上；而拉康对"想像秩序"的分析，是一个结构性的分析，用他自己的话说，涉及的是"人类世

---

❶ Guy Debord. Theses on Cultural Revolution [C]//McDonough. Guy Debord and the Situationist International. Cambridge: MIT Press, 2002: 65.
❷ Guy Debord. A Sick Planet [M]. Donald Nicholson-Smith, trans. London: Seagull, 2007: 26.
❸ Jacques Lacan. "The Mirror Stage as Formative of the I Function as Revealed in Psychoanalytic Experience". The Ethics of Psychoanalysis [M]. Dennis Porter, trans. New York: Norton, 1992: 76.
❹ Ibid: 76–77.
❺ Jacques Lacan. "Presentation on Psychical Causality". The Ethics of Psychoanalysis [M]. Dennis Porter, trans. New York: Norton, 1992: 153.
❻ 婴孩在其"镜像阶段"进入"想象性秩序"，而当他/她习得语言后，则进一步进入"符号性秩序"，自那之后，他/她将同时接受"小他者"与"大他者"所施加的双重异化。

界的一个本体论结构"❶。

结构性进路，使拉康得以彻底摆脱对一种"本真"状态的形而上学的预设（即对"真实"去做肯定性界定）。而在德波这里，"本真"则是一个曾经真实存在、但在当下历史阶段被夺去的状态。我们看到，德波不厌其烦地反复确认"伪需求"与"本真需求"之区分，并强调"观景者越准备好在由支配性系统所提议的诸种需求图像中认可他自身的诸种需求，他就越少地理解他自身的存在和他自身的欲望"。❷

换言之，在德波这里，一旦他/她从盛景制造出"伪需求"中挣脱出来，主体是能够理解其自身的"真实欲望"。此外如频频出现于德氏笔下的"本真体验"与"盛景体验"之分、"真实沟通"与"伪沟通"之分、真正的"个体"与"观景者""本真生活"与"非生活"等，无一不建立在对前者形而上学的预设之上。

正是在这个意义上，德波仍然陷入在自柏拉图以降的形而上学承诺中——我们能够最终抵达（相对于黑暗的）光明、（相对于虚假的）真实……此种形而上学承诺，使德波也未能摆脱马克思当年关于光明的（克服了资本主义之后的）"共产主义未来"的预设。德波设定了在推翻"盛景社会"下的"非生活"之后，人们能回归"本真生活"。

一言蔽之，德波的分析里仍然有一个正派与反派（good guy/bad guy）框架，即资本主义的盛景是坏人，好人便是日常生活的本真体验、本真欲望……

较之德波，比他年长一辈的拉康则恰恰彻底摆脱了柏拉图以降笼罩西方思想的这种形而上学框架，结构性进路使得他不再认为完全进入"真实秩序"是可能的。

他甚至把"真实"（the Real）直接定义为"不可能"。"真实"永远无法抵达，只能以症状性的方式刺入"现实"，短暂地击破幻想，使"日常生活"——包括对"自我"的感知、各种"认同"——陷入分崩离析。

拉康精神分析所聚焦的，是"人的那个图像在此处所带来的一种调介，一种永远是想象性的、永远成问题的、以及因此永远不可能被完成的调介。"❸

图像之调介永远不可能被完成意味着，"现实"永远不会被总体化、自我封闭化，它永远包含着诸种缺口、深渊、不连贯性，其虚假的统一性、整体性，永远结构性地处于随时会被刺破的状态中。

历史性进路，不但使德波以形而上学的方式承诺一个光明的未来，也使他预设了一个美好的"原点"（在资本主义兴起之前日常生活中的"本真体验""本真欲望"等），而对于拉康，此种"原初美好状态"本身就是幻想——任何美好原点（如儒家文本里的"三代"），都是回溯性建构起来的，皆是幻想操作之产物。

当然，德波本人是强烈批评结构性

---

❶ Jacques Lacan. "The Mirror Stage as Formative of the I Function as Revealed in Psychoanalytic Experience". The Ethics of Psychoanalysis［M］. Dennis Porter, trans. New York: Norton, 1992: 76.
❷ Guy Debord. The Society of the Spectacle［M］. Donald Nicholson-Smith, trans. New York: Zone, 1995: 44, 34, 23 (theses 68, 51, 30).
❸ Jacques Lacan. The Ego in Freud's Theory and in the Technique of Psychoanalysis［M］. Sylvana Tomaselli, trans. New York: Norton, 1991: 166.

进路的，他对20世纪60年代结构主义浪潮（尤其不提名字地针对拉康），进行了犀利的笔伐。在德波看来，结构性进路的问题恰恰在于，它把"历史时间中的一个短暂冻结"转变成"一个确定的稳定性"。而这——德波从精神分析那接过了同样的术语——就是一个最大的、非正当的"幻想"。

结构主义的反历史思想所采取的视角是关于一个系统之永恒在场的视角，这个系统从未被创立，也永不会消失。一个预先存在着的、无意识的结构，对于所有社会实践具有领导权地位，这个想法是一个幻想。这个幻想非正当地源自诸种语言学与人类学的结构性模型——甚至源自资本主义运转的诸模型，这些模型即便是在它们的原初语境中也是被错误应用的。❶

德波强调：结构主义兴许可用来服务于证明"盛景社会"的跨历史的有效性，但这殊无必要；当代高级资本主义真正可怕之处在于，"盛景社会"通过将自己强加在其宏大现实之上，使结构主义的冰冷梦想生效。❷

盛景"只是我们碰巧被统治的历史时刻"——"盛景对应于商品完成它对社会生活之殖民的那个历史时刻"。❸换言之，盛景能够被克服，我们能冲出结构主义的冰冷梦想，这个历史性时刻（"历史时间中的一个短暂冻结"）终会过去。

我们看到，一个基于拉康的激进政治与一个基于德波的激进政治，都会犀利地揭示并批判——黑格尔意义上的"否定"——当下全球资本主义的"冰冷"（"异化"）状况；然而，二者的区别便在于如下判断上的不同：这是一种结构性"冰冷"，还是一种历史性"冰冷"？穿透图像之"屏障"后我们所直面的，是真正的光明（德波的真实）还是一团深渊性的黑暗（拉康的真实）？

对于采取历史性进路的德波而言，过去（"原点"）曾是光明的，未来会是光明的，黑暗的只是处于高级资本主义状况下的当下——"商品完成它对社会生活之殖民的那个历史时刻"。

而对于采取结构性进路的拉康而言，真实 – 想象 – 符号的结构（RIS structure），是人在其离开婴孩时期后就陷入的状况——人无法通过任何政治革命彻底获得一个解放性的未来，正如同人从来没有一个不受异化的过去。幻想是人们之"现实生活"所结构性的必需；一团光明的昨天与明天（德波设定的"盛景社会"到来之前与之后的人类之本真生活状态），本身恰恰都是最纯粹的幻想。

在这个意义上，尽管拉康与德波的政治本体论，在揭示"当下现实"是一个虚假秩序上完全一致，然而因各自进路不同（结构性进路/历史性进路），两者便具有一个根本性的差异：德波的政治本体论旨在揭示的是人类生存的当下状况（高级资本主义所催生的"盛景社会"是一个虚假秩序），而拉康的政治本体论则旨在处理人类

---

❶ Guy Debord. The Society of the Spectacle [M]. Donald Nicholson-Smith, trans. New York: Zone, 1995: 141-2 (thesis 201).

❷ Ibid: 142 (thesis 202).

❸ Ibid: 15, 29 (theses 11, 42).

生存的永久状况（远离真实的"想像秩序"始终存在并永远不可能被彻底冲破）。

基于这个根本性差异，拉康的政治本体论可以被恰当地称作为一个否定性的政治本体论，建立在其上的政治姿态便是：对人类任何时间性向度上实存（ontic）的秩序，都需要予以激进批判（否定）。

而德波的政治本体论，则是历史性（肯定性）的政治本体论——是谓"历史时间中的一个短暂冻结"。这种政治本体论在柏拉图、黑格尔、马克思那里都能找到不同版本的思想源头，建立在其上的政治姿态乃是：激进批判（否定）只在某一个（组）时间点上是需要的。❶

在同拉康的比较性框架中我们可以看到，建立在德波式政治本体论上的激进政治，其激进性是不彻底的。德波对"否定的实践性运动"的强调，就只限定在"盛景社会"内（德波指出"盛景社会"中只有一条真理，那就是"它自身的否定"❷）；本真状态（真实），在"盛景社会"遭遇其激进否定之后便会（重新）到来，而在那一刻，"否定的实践性运动"便抵达终点（自我转化为肯定性实践，即对本真状态的肯定）。

而拉康的"想象秩序"并非一个历史性阶段，是故拉康主义的否定（齐泽克的全部政治哲学就建立其上）是一个结构性的永恒否定——"想象秩序"（以及"符号秩序"）无法被彻底推翻，真实或者说"真实秩序"永远作为否定性的一团黑暗而存在；也正因此，这一否定永远不会自我转化为肯定。

"否定的实践性运动"必须被恒固化，因为它永远不会抵达自身之终点。

正是在这个意义上，尽管德波与拉康提供了激进政治所倚赖的两条批判性进路，然而就其内核而言，德波进路的激进性是不彻底的（在某一点上否定会转化为肯定），而拉康主义精神分析所提供的则是一种彻底激进的政治形态，一种将否定本身本体论化的激进政治。就思想史层面而言，德波与拉康这两种政治本体论之裂道，归根结底，是西方思想形而上学传统与"反哲学"的精神分析（拉康笔下的"反哲学"实应理解为"反形而上学"）之根本性分野。

---

❶ 关于这两种政治本体论路向的更详细的学理分析，请参见吴冠军. 施特劳斯与政治哲学的两个路向[J]. 华东师范大学学报(哲学社会科学版), 2014(5): 75-86, 180.
❷ Guy Debord. The Society of the Spectacle [M]. Donald Nicholson-Smith, trans. New York: Zone 1995: 143-4, 140 (theses 203-4, 199).

为什么内生图像被抛弃了？

Why are Endogenous Images Discarded?

李洋
北京大学教授

"由于图像生产技术不断迭代，人与图像共存以及图像的自我生产都成为了现实。我们不得不面对各种图像，面对图像的复杂性。"

与图像相对应，在艺术理论领域出现了"图像转向"，W. J. T. 米歇尔（W. J. T. Mitchell）最先提出。他在图像研究中最主要的贡献是1986年出版的《图像学：形象、文本、意识形态》（Iconology: Image, Text, Ideology，简称《图像学》）和1994年出版的《图像理论》（Picture Theory），这两本书实质性地推动了"图像转向"。

"图像转向"过程中存在一个没有充分讨论的分化。在《图像学》一书中，米歇尔写了一篇很长的导论，中文翻译为《什么是形象》，这个"形象"就是"image"，即"图像"。

1994年，他在《图像理论》中直接论述了"图像转向"，而他的研究对象也发生了微妙的变化。他在《图像学》的导论中，对"image"做了一次分类，这篇导论最重要的目的，是把这个分类中的两种图像从他的"图像转向"研究中排除在外，或者说，他尝试借用潘诺夫斯基（Wolfgang K. H. Panofsky）"图像学"（iconology）这个概念，建立起一种新的图像理论，而这个理论必然不包括其中两种图像："精神图像"（mental image）和"词语图像"（verbal image）。

什么是"精神图像"？米歇尔举例说梦、记忆、思想、幻影等，就是"精神图像"，而"词语图像"就是"隐喻"与"描写"。米歇尔在这篇导言中提出他不研究"词语图像"，而且，他还通过引述维特根斯坦（Ludwig Wittgenstein）的观点，把"精神影像"也排除在他的图像研究之外。当然，他并非否认"精神影像"的存在，他承认存在与语言相对应的"精神图像"，只不过他坚持认为不应该把这些影像看作是私人的、形而上的、非物质的，不能把

"精神影像"像对待真实的图像那样去研究。米歇尔把他所研究的图像，归置为有实体的、形而下的、公共的、客观的图像。

在米歇尔出版这本书之前，吉尔·德勒兹（Gilles Louis Réné Deleuze）在法国出版了著名的《运动-影像》（1983）和《时间-影像》（1985），我们通常把这两本书理解为电影哲学著作。

在"图像转向"的背景下，我们也可以认为德勒兹通过这两本书，在提出电影哲学的同时，也提出了某种影像哲学。德勒兹至少为我们提供了一种影像分类的哲学，即对"运动-影像"和"时间-影像"的分类学，他把"运动-影像"分为"感知-影像""动作-影像""情感-影像"等，而把"时间-影像"分为"梦-影像""幻影-影像"等。

德勒兹曾提出一个非常重要的概念，就是"Image-Pensée"，可以翻译为"思维-影像"或"思想-影像"（姜宇辉翻译为"思想-意象"），这个概念的提出与德勒兹通过电影对"精神图像"的研究是一脉相承的。

我们发现，当米歇尔在"图像转向"中抛弃了对"精神图像"的研究时，德勒兹却在电影艺术中专门探讨了记忆-影像、时间-影像等，探讨主体从精神内部如何通过电影再造时间经验的问题。因此，围绕"图像"这个概念，米歇尔和德勒兹之间出现了一个重大的分化。当米歇尔1994年出版《图像理论》时，他旗帜鲜明地从"image"转向了"picture"，而"picture"是有物质性的、具体的、客体化的图像。相反，德勒兹则通过电影走向了"精神图像"的研究，即把"精神图像"与具体的客体图像结合起来，构成了"图像转向"前后第一个重要的分化。

通过"图像转向"的提出，我们还发现图像研究不等于艺术研究。我们在讨论艺术时，会不加思索地把图像与艺术混同，比如把图像与绘画、图像与摄影、图像与电影等混同，研究绘画的著作会以"图像"来命名，关于摄影的讲座也会以"图像"为题。可是，"图像转向"提醒我们，如果把绘画等同于图像，那么图像与绘画就没有区别吗？如果我们还可以把摄影与图像混用，那么，我们如何理解绘画和摄影之间的区别（它们都可以与图像混用）？

艺术品都有成为图像的方面，但艺术品更具有回到自身作为物质性的维度。比如我们在电脑屏幕上看到的图像，与这个图像所再现的绘画作品自身的物质性、尺寸、油彩等相比，二者并不等同。然而，米歇尔提出"图像转向"之前，图像就等于艺术研究，比如图像学是基于美术史经验的研究方法，而"图像转向"之后，图像只是艺术品的一个层次和方面，图像研究不能等同于艺术研究。我还要强调，"图像研究"并不必然等于通常所说的"视觉文化"研究。视觉文化研究经常会分析和谈论具体的图像，但在分析时不讨论面对这个图像时人的"精神图像"及其特征。视觉文化研究会分析人对图像的观看方式、图像对人的主体性的建构等问题，但不会分析人在面对图像对象时即时出现的"精神图像"。

为了更好地阐述这一点，我们通过几个问题进一步思考。第一个问题，是否存在"非视觉的图像"（non-visual image）呢？

当然存在。约翰·洛克（John Locke）

有一句经验主义名言："没有任何智慧可以不经由感觉而获得"（Nihil est in intellectu quod non prius in sensu），他在《人类理解论》（An Essay Concerning Human Understanding）中有一个特别有意思的思想实验，就是一个天生失明的人用手来摸世界，在精神世界建立对这个世界的认识，当他突然有一天重现光明，他看到的这个世界与他只能用手摸到的世界是否一致呢？

洛克没有很好地回答这个问题，而真正进入这个主题是狄德罗（Denis Diderot），他由于对当时眼科医生雷敖缪（M. de Réaumur）的复明手术不满，因此通过访问先天盲人而撰写了《论盲人书简》，在这篇长文中，他谈到一个天生的盲人是不是可以在脑海中建立图像的问题。

狄德罗认为，一个先天盲人在脑海中可以建立一个图像，这个图像与常人看到的图像非常接近，但他的这个"精神图像"不是通过视觉来获得的，而是通过触觉或其他知觉，因此统觉或联觉都可以让人不必通过视觉而获得"精神图像"，这就是"非视觉图像"。

由此可知，图像分为两种，一种是视觉图像，另一种是非视觉图像，后者是通过声音、触觉和其他感觉建立的"精神图像"。19世纪末至20世纪初关于视觉的实验心理学研究不断验证了狄德罗的观点。

在思想史上，还出现过"内模仿"论，即人会对任何实际的可能的知觉情境进行积极的内在模仿，在这种情况下，"精神图像"不再是米歇尔所说的，对人的视觉知觉的简单且不断弱化的复制，一个依赖于视觉支撑的不断衰退的印记，而是在精神世界中主动的对视觉的模仿，这种模仿甚至不需要视觉。因此，如果人能看到图像，一方面是强烈的不断的视觉刺激，另一方面，人有一种能力，可以主动地从内到外生成外部世界的图像，比如16世纪后出现的专门为盲人制作的"触觉图像书"，这些书是真实的图像，但其制作不（完全）是为了视觉，而是为了触觉。这是用触觉生成影像的最典型的例子，这是一种"非视觉图像"。

第二个问题，视觉再现一定是图像性的吗？是否存在一种非图像的视觉再现？这也是我们重新思考视觉与图像关系非常重要的角度。在那些以实物和人体为模型的雕塑作品中，经常出现非图像的视觉再现，比如19世纪法国雕塑家让·巴蒂斯塔·克莱辛热（Jean-Baptiste Clésinger）经常以他的情人名媛萨巴蒂埃夫人（Madame Sabatier）作为模特来制作雕塑作品，这些作品展现的是萨巴蒂埃夫人的裸体，因此是对其身体非常严格的再现，作品在沙龙中展出时虽然被罗丹批评，但许多人看到这个裸体雕塑时都感到很羞愧，他们认为自己看到的不是萨巴蒂埃夫人的雕塑，而是萨巴蒂埃夫人的裸体，这个雕塑就是一种视觉再现，而这个再现不是图像。这样的雕塑家还有很多，比如乔治·席格（George Segal）就用真人作为模特来制作与模特等大的雕塑作品，马克·奎恩（Marc Quinn）的《自我》（Self）系列更是以艺术家本人的头作为原型，每年制作一个等大的头像雕塑。这些作品都是"非图像的视觉再现"。

因此，仔细分析"图像转向"以及图像在20世纪80年代西方理论中的变化，就会发现这样一些问题。首先,"精神图像"的重要性被米歇尔及其倡导的图像学忽视了;其次,图像研究不等于艺术研究,图像史也不是艺术史,图像与具体的艺术门类之间的关系没有被清晰地阐述;最后,如果从"精神图像"的角度看,图像不一定是通过视觉获得的,图像也不是唯一的视觉再现手段,因此视觉文化研究只是图像研究的一个分支,仅研究米歇尔图像学的"picture"甚至未必会触及图像的本质问题。

我想强调"image"词源中含有的"phantasia"这个含义,这个词指人类灵魂内在创造图像的能力,即不是通过视觉从外部视觉生产图像,而是从人的精神世界内部去生成图像的能力,这种能力在"图像转向"中被忽视或者被悬置了。因此,重新理解什么是图像,对于今天我们面临复杂的图像世界、准确分析图像与艺术的关系都是至关重要的。

从这个维度出发,我认为图像可以分为三种。第一种是以图像为目的的人造物,即绘画、摄影等,包括各种器具上的图像,这种图像是艺术家(或工匠)运用某种技术,通过具体的媒介或物质,以提供图像为目的,这是客体图像(objective image),人的感觉(主要是视觉)被纳入这种图像的生产过程中,但其本身是客观的,不因某个具体的人而发生变化,是纯粹的外部图像(outer image)。我们可以把这个图像理解为不附着在任何主体上的客观图像,它具有与主体完全不同的时间性,甚至是"无时间性",以固定形式的"框架"(frame)呈现在我们面前,它是被动的,作为凝固的对象被完成,它是一个对象的、客观的、有物质性的、具体的图像,我们能看到它,别人也可以看到它,它不取决于任何一个具体的人而存在,它并不为某个具体的观看时刻而存在,而是朝向永恒的历史时间或时间真空,任何时刻,只要有人的眼睛存在,就可以被看到。

第二种是人通过视觉获得的世界的图像,物体在可见光中通过人的视知觉系统而形成,即海德格尔(Martin Heidegger)所说的"世界以图像的方式被主体把握",这个图像是来自主体外部的刺激而生成的图像,它之所以产生,原因来自主体外部,属于"外生的"(exogenous)图像,但这个图像本身处在每个人的精神世界的"内部",因此是"外生的内部图像"(exogenous inner image)。任何人在任何地方都可以"看到"这个图像,它处在从眼睛到大脑的生理结构中,通过一连串复杂的视觉、知觉被"看到",这是一个液态的、不断流动的图像,身体的生理运动、血液的流动、知觉的瞬间变化和情感的凝聚与转化,都会影响这个"外生内在图像"。这个影像以"我"的存在为依据,包裹这个"内在图像"的画框就是我们的身体,因此这个图像就是我们存在的世界之边界。

第三种是主体在精神世界内部生产的图像,它完全不依赖于外部世界,也不一定依赖视知觉,是人根据自身的需要而生产的精神图像,它可以与前两种图像有关,也可以与客体图像、外生内在图像无关,完全是幻想和想象,是每个人纯粹私有的、别人无法替我们拥有的精神图像,它来自内部,是"内生的"(endogenous)图像,也是人内部的精神图像,因此是"内生内部图像"(endogenous inner image)。这个图像是我们每个人的视觉图像，也可以是听觉图像，是任何人都不能替我们所拥有的图像，是我们的梦、回忆和幻想，是被米歇尔所排除的影像。

这就是我想要强调的问题，"精神图像"作为"内生图像"被忽视了，成为图像理论或米歇尔图像学忽视的重要内容，它解释了主体是如何与纷纭复杂的客体图像世界发生联系的。主体并非被动接受图像，同时也在不断主动地生成图像，但这种连接被忽视了。

从这个角度出发，我们可以概括出三种从"内生内在图像"到"客体图像"的能力。

第一种就是想象，人通过精神图像来生产客体图像的过程，就是"图像化"（imagination），即"想象"。比如画家画一幅画，在绘画之前和绘画过程中，会在脑海中预先生产一个内在图像，这个内生图像的目的是画出一个客体图像。想象就是从内生图像到外生图像的过程，其目的是生产一个客体图像。

第二种是人还有一种能力，即生产一个精神图像，其目的不是生产出具体的客体图像，而是满足作为存在的需要，这就是"幻想"（imaginary）。比如我回想父母、爱人的样子，或者在梦境中看到许多不可思议的形象，我们不需要把这些内生图像画成画、拍成照片，这种图像的生产只是为了满足我们每个人具体的存在的需要——爱、回忆、幻想，别人看不到这个图像，但这个图像是存在的，而且它不一定依赖视觉、知觉。做梦时我们闭上眼睛，脑海中依然充满了幻想，幻想就是为了满足人的欲望和需要。

第三种是将向内的、个别的、具体的幻想图像，转换成对外的、客体化的想象，按照弗洛伊德（Sigmund Freud）的精神分析学，这个转化过程是无意识的，是艺术家把个人的、不可公开的私人的幻想，通过移置或凝缩等机制，升华为具体的形式进入想象，从而参与客体图像的生产和建构，因此，内生的内部图像与外部的客体图像并不是完全隔绝的，恰恰相反，只有从最为深层的精神图像世界，才能找到生产客体图像最具创造性的根源。

第三场　美学与现代
Aesthetics and Contemporary

艺术反抗与视觉观念化

Artistic Revolt and Visual Conceptualization

王志强
中国社会科学杂志社副编审

"古典时代架上的视觉艺术是内容的视觉艺术，它是反映内容的，不管是宗教性的内容，还是历史性的内容，视觉主导所有形式是为内容服务的。到了印象派以后，视觉艺术开始强调光影色彩本身作为艺术主体本身流露出来，称为光影的视觉。到了抽象时代，再到当代装饰艺术和观念艺术以后，视觉艺术变成一种观念视觉以后，最后连视觉都被拿掉，变成一种纯粹的观念，此时艺术的合法性遭遇危机。"

笔者近期参与了两场讨论，一是跟做神经美学的学者关于照明光问题的商榷，二是研究当代艺术的学者的探讨，当笔者说视觉艺术依然是要追求一种视觉的均衡和享受的时候，他们几位做当代艺术的学者非常激动，拍案而起，觉得笔者是妄图复辟旧时代的艺术，他们说观念艺术完全跟视觉均衡没有任何关系，要找视觉的均衡去找装饰画，不要谈艺术。本文从这个维度去谈一下笔者对视觉艺术的散乱的理解。

古典、现代和当代，三个时代的艺术差别，给人带来非常震撼的视觉冲击。例如，点彩派对光影的呈现，他们用更真实的色彩呈现给观众，颜料的调和和远离色点会使我们视觉神经形成的错觉调和不一样，到观念艺术的时候，几乎找不到视觉美感和意义，要理解概念才能理解作品的含义，纯粹视觉性的东西就消失了。

笔者会站在一种非常传统的、比较旧的视觉主义立场上，强调视觉呈现获得艺术独立性，画面的破碎使光与影、色彩与光得到呈现。不是说画面必须只有这个，而是说视觉的具身性不应该被观念性或者表征性的东西抹煞掉、屏蔽掉，这是视觉艺术最基础性和最根本性的东西，不能被完全消灭掉。总体而言就是反对纯粹的表征主义。因为当代的观念性立场这么强，所以我强调一种反表征主义的艺术，题目提到另外一个概念，抵抗视觉完全的观念化。在表征和视觉之间做一个辩护。

开篇提及整个问题来自两种争论，一是内生光的艺术优越论，认为整个画面对光的处理里面内生光更高，而照明光是一种自然之光，没有达到艺术提升的东西。二是艺术反抗与观念艺术，整个现代主义的艺术反抗。现代主义刚开始启动是艺术内在传统的反抗，后来变成一种意识形态的反抗，美学运动变成一种反思文化运动，现代艺术家们各种各样的宣言，反对整个现代社会的宣言，变成一种艺术反抗，这种艺术反抗，最后把艺术内容机制性的东西丢掉，变成纯粹观念性的反抗，做社会活动或者社会运动家做的事情。

第一种争论是关于内生光的问题。内生光是一个非常有意思的话题。我们看到西方宗教绘画中会出现这样的处理手法：耶稣明明在阴影里面，但是脸部却出现一个反常的高光，于是这个高光的部分，一般会理解为神性的内生光，不受照明光的影响。照明光是自然之光，照明光普照才有反光。耶稣的脸会有一个反常光的呈现，因为它有神性，有自在之光（图3-1）。

图3-1 《以马忤斯的晚餐》 卡拉瓦乔
141cm×196.2cm 布面油画 1601年

很多宗教画里面都会呈现内生光，于是内生光被拔高到某种意义上是对光或者对光的艺术处理的一种自觉性，把对光的理解从一种自然的感知抽离出来或者提升出来，而且会被拿到对传统中国画的处理中。传统中国画不太处理光影，常会被解释成一种宇宙之光，我们看到山水画，不知道光源从哪里来，好像是山体自然呈现一种普照之光，我们称为宇宙之光。这样一种内生光的解释，会向前追溯到西方柏拉图光喻的领域。

光是带来真理的，柏拉图说洞穴有火光，爬出洞穴就看到光了。影是带来干扰的，我们误认为影子是真的，但影子是虚假的，光是真的，光和影构成某种意义上的二元，有光和影的时候就是不够真实、不够艺术纯粹的。太阳的光是所有照明光的来源，是自然产生的光，所以它是真理、是至善，所有受其他光照射和反射的东西都会成影，那个东西就不是至善，不能达到艺术魅感的真实。所以艺术之光是内生之光、哲学之光，照明光是一般的城市之光、自然之光。

这样的解释语境中构成了内生光和自然光、照明光艺术界的低阶。

那么，内生光还是光吗？有人说当我们感到神性、感到善的时候、感到光芒和温暖，但是那是一种主观的感受，那不是视觉之光，是内生性的感受，好像至善给我们带来光一样温暖的时候的光感，真正意义上不是光，依赖于原意的表征，通过柏拉图的动喻等一系列解释以后呈现内生光的内在性。因为从印象派开始，所有绘画中照明光的问题，完全抛弃了宗教绘画中内生光表意性的解释，回到现象、视觉本身的光影。

笔者对内生光高阶论进行了一个反驳。照明光是视觉、视觉艺术的前提，光给我们带来的视觉感受是唯一普遍性的感受。嗅觉是通过长距离感受化学刺激的感觉，空间性比较强；听觉的距离感和产生声音的条件都是比较受限制的。但是几乎所有的物品都是反光的，只要有一个恒定光源，我们可以通过它获得对外界事物信息量最大的把握。

所以照明光所提供给我们的视觉，具有一种普遍性，而不是一种特殊性的感受。生物演化细菌有趋光性，最原始的海洋动物会演化出感光坑，花如此大的代价形成这一套视觉系统，原因不在于我们有自生的光源，而在于我们要依靠照明光。最关键的一点，照明光不单单是一个信息的来源，还是所有地球生命能量的来源。

今天所有生命所需光的主要来源就是太阳光。光合作用把太阳能转化为植物蛋白质，埋在地下变成化学能，今天拿来变成工业能源的主要来源。所谓的风能、水能，也是由于阳光照射地球产生大气环流和海洋温度的变化产生的洋流等，我们今天所使用非太阳能的能源，地热和核能占的比例非常低，所有生物的生存和整个工业生产的主要能源还是来自太阳光。在这个意义上，它是使一切可见，也使一切可能的前提。

我反驳内生光的高阶论。很重要的一点，回到画面呈现来讲的话，照明光或者自然光是不需要表征的，需要自生生存体验，更关注个体之间的内容，不需要哲学表征的谈论。

某种程度上说，内生光的讨论本身也是有问题的，因为内生光其实都是反射光，只有上帝或者太阳才是真正的内生光。耶稣脸上的内生光，其实也是上帝唯一性的反射光。视觉艺术之光的本体性在于自然之光的普遍性，哲学之光是唯一的。哲学就是柏拉图的至善/真理那一个光，其他也是它的反射光。上帝的反射光也是唯一的，这是很重要的艺术对立的观点。照明光、内生光的差异就是表征性的差异。

第二种争论是关于艺术反抗和观念艺术对视觉艺术阐释的问题。现代主义的反抗性，的确非常复杂，从19世纪开始最早作为一个秩序外的边缘艺术，逐渐占领了整个艺术的阵营。

当然现在大部分人能够接受19世纪末期所谓先锋派的作品，印象派、后印象派大家都觉得有很好的作品，但那时候有人觉得是离经叛道，有艺术内在的反抗性。

更关键的一点，如今整个现代主义或当代艺术，一直被作为一个反抗所谓现代化社会，反抗整个外在统治结构的一个美学反抗路径。

我们大致会认为反抗现代化的路径有两条：一是政治经济的路径，即左翼的社会主义运动和左翼的社会民主主义运动，二是美学运动的反抗路径，包括文学上、艺术上、电影上我们都会看到这种反抗。

但是这种反抗会逐渐形成一种对艺术本身追求的挤占，所有的艺术创作变成一种反抗性的姿态，艺术创作的起源不在于对艺术的理解，而在于对现实批判的需要和对现实挑战、现实对抗的需要。在这个过程中，它会造成日趋的观念化和对高阶表征不断的追求。艺术家不再去创作原创性的画作，而是把原来的画作上加一个小胡子等放在那里，这种挑战性和破坏性的行为，就构成了它的艺术力量，而这个艺术力量完全不在于现象性的视觉效果，而在于需要通过语言表征和概念表征去把握那种反抗性的姿态和反抗要做的事情。

一阶表征还不够，只有进行对整个艺术史的把握和对艺术家整个观念表达之后的高阶表征，你才能去掌握这个艺术作品。这种艺术作品没有问题，艺术有表征是很好的事情，艺术本来就包罗万象，不能说哪一种才是艺术。为此将视觉和观念之间制造一种绝对，画面继续追求某种美感和视觉艺术的时候就不是艺术，只有将其抛弃才是当代，这个时候就会质疑作为艺术的合法性。所以笔者不赞同把对艺术感受具身性的排斥变成纯粹观念艺术。

艺术最初走向观念性的时候，依然有着画面艺术的追求。

马蒂斯（Henir Matisse）是一个非常反写实主义和自然主义绘画的人。当他画出一个妇女手很长的画面时，看画的妇女就说这个女人画得不对，手太长了。马蒂斯会告诉她：夫人，对不起，这不是一个妇女，这是一幅画。马蒂斯相对走向非传统写实的路径。当然这种画法对于普通人来讲可能是有风险，但是我们依然看到他如此巧妙地对色彩进行了均衡的把握。无论是面部暖色和冷色的对应，还是背景之间暖色和冷色的对应，视觉都进入了协调，暗部和亮部均衡，以及中间过渡线的神来之笔，使两边对抗的画面融合在一起，使人获得视觉上的稳定感，是视觉感受艺术（图3-2）。

当我们欣赏大量艺术样品后，会发现具身的表征和艺术观念不是对立性，是非对立性，但是不能把具身感知的东西丢弃。

最后因为反表征主义，我们会发现生态心理学家吉布森（Gibson）的生态心理学理念或者动缘理论很好地解释了刚才说的艺术欣赏的问题。

他认为动物包括人可以通过直接知觉拾取外在意义，不需要通过心理表征获得这个意义，不需要表征为语言和观念进行再加工以后才能得到意义，而是可以通过一系列直接知觉论、环境光阵等一套直接视觉理论获得视觉感受性。

所以谈视觉艺术和绘画的时候也是这样，绘画和视觉艺术不一定非得通过抽象的表征之后，才能去表达那些复杂的艺术感受，至少对机制性的视觉本身直接抓取的意义是不能被遗忘和丢弃掉的。

图3-2 《带绿色条纹的马蒂斯夫人像》
马蒂斯 32.5cm×40.5cm 布面油画 1905年

第四场 技术与数字化
Technology and Digitalization

游戏时代的视觉
Visuals of the Game Era

蓝江
南京大学教授

> "原来有一句话叫眼见为实，当真实和虚拟的界面不再那么清晰时，是否有一天会怀疑眼前的世界会被修改掉呢？"

今天我们谈论游戏视觉的时候，会涉及真实视觉和游戏视觉的关系问题，以及我们应该如何思考数字元宇宙中触及的视觉问题。

我们现在的生活，越来越离不开游戏了，甚至可以说，不仅是那些商业化的游戏在影响我们，而且发生在现实世界中的许多事情，实际上也与游戏密切相关。

为什么游戏化视觉这么重要？因为这绝不仅是电影式的观看，也不是文字图片式欣赏，在根本上，它与我们的行动密切相关，在没有游戏化视觉的界面时，我们完全丧失了行动的可能性。

所以，对于以往的研究者来说，不管是内在图像还是外在图像，都是一个等着我们去看的东西或者在我们印象当中外在于我们感官器官的一个东西。但是，问题出在其不是一个等待着我们看的图像，而是要有一个可看的东西。

在与此有关的著作中，最著名的是法国现象学家梅洛-庞蒂（Maurice Merleau-Ponty）的《眼与心》（L'OEil et l'Esprit）（图4-1），梅洛-庞蒂认为我们的内在视觉已预先形成一个让我们观看的架构，而我们所能理解的世界与这种先天视觉架构有关系，表面上是眼的问题，实际上是心的问题。

图4-1 《眼与心》 梅洛-庞蒂

我们看到的这个世界和我们自己所理解的世界是有差别的。

我们每个人的身体，通过感知完成了对世界的架构，而所有的感觉材料无一例外地在这个感觉架构上向我们展现出来。

我们对世界的感知，实际上严重依赖于我们的身体。例如，有些人近视，而另一些人就不近视，近视和不近视的人感觉的世界是完全不一样的。戴上近视眼镜感觉距离会变远，对于那些从来不戴眼镜的人来说就有点不太适应。而我们的手会帮助我们根据距离来调整对世界的感知，但手仍然是身体性的，仍然与身体密切相关。进一步带来一个问题，如果眼睛是我们感知和理解世界的基本方式，那么不同的眼睛带来的视觉会有什么样的不同？例如苍蝇和蜻蜓的眼睛，与人类的眼睛构造是不同的，它们都是复眼，复眼是由无数多的小针眼组成的复合感知器官，复眼不能真正感知颜色，也无法感知世界的整体。它们感知的世界是由无数视觉的小块拼凑而成的，就像我们看到的拼图一样。

还有，我们看到的颜色是不是真的有颜色？胡塞尔（Edmund Gustav Albrecht Husserl）在《逻辑研究》（*Logical Inverseigations*）重点谈论了红色的问题，即红色观念，但实际上有没有红的观念？没有。因为所有眼睛看到的都是视网膜的呈像，所有的白光有不同的频段，呈现出不同的颜色，视网膜对感官的频段感觉不同就会使人看到不同的颜色。举例来说，两个人看到某个东西都是黄色，但是一个人感受到光的频率和强度没有另一个人强，那么，他们之间感受到的黄色就有强度上的差别。实际上我们都把这个东西叫黄色，但是如果真的就视网膜上的形象光学分析的话，发现两个人看到的黄色虽然在大致的光谱上都属于黄色的范畴，但这个黄色在频率和强度上会有细微的差别。

对于色盲的人来说，更是如此。例如红绿色盲并不是他们有疾病，而是他们的视网膜对光的感受与其他人不同，所以，我们说他们是色盲，而我们不是。这实际上是一个现象学的问题，不过这个问题对于我们思考今天的游戏时代的视觉的确有重要的参考意义。

这种参考意义究竟是什么呢？

我们看到任何有颜色的东西，并不属于事物的本然状态，它是一种像，即董树宝教授所研究的像（image），像不是事物的本质，而只是表象，即在一定的自然条件下（或者在一种生态中），通过感官学向我们呈现的表象。

例如，我跟在座的每一位老师的眼睛有一个共同生态系统，在感知事物的颜色上是有共通性的。不过，我们需要理解的是，在这个共通性基础上，我们的视觉有微差，在我看起来有点偏红的东西，可能其他人看起来更深或更浅，更接近于黄色的光谱或更接近于蓝色的光谱。

当然，这只是举例子，实际上我从自己的眼睛中体会不到其他老师眼中的色差。所以我们的视网膜对光的感应上的生物性区别，导致了我们在看的时候就产生了问题，但是以前的视觉研究和图像研究很少谈及这个问题，即每个人的看实际上会形成细微的区别，而这个区别与视网膜的生物性反射系统密切相关。

在看到了视觉的成像与感知之后，我们再来理解游戏中的视觉和看的体系。

根据看的不同，我们可以把游戏分成两种看：一是我们盯着屏幕看，跟看电影的看是一样的，在游戏玩家盯着屏幕看的时候，与传统看电视和看电影的看是没有什么区别的。如果游戏仅仅只有这种看，我们关于游戏时代的视觉研究是没有任何价值的。

所以，游戏视觉之所以成为游戏视觉，是因为在游戏当中还有另外一种看，即我们以游戏中主角的视角去看。例如，许多游戏都可以换成第一人称视角，这种视角有一种代入感，即我在屏幕中的看就是游戏之中的视角的看。

然而，电子游戏中不止一种视角，一些游戏可以按照玩家需求在第一人称视角和第三人称视角中来回切换。我们可以进一步与电影中的看来做比较，电影中只有观众对荧幕的看，这是我们不能干预的，我们甚至不能任意地切换视角，因为我们的看是由导演的剪辑和摄像机机位的变化决定的。但是在游戏中这种可以切换视角的看，实际上是一种我们自己操纵的看。3D游戏中更是可以360°调整视角，不仅有方位的调整，也有宏观视野及微观视野的整体调整。

不过，电子游戏发展到今天，这种看的体系也不是一蹴而就的，比如在20世纪90年代的很多角色扮演（RPG）类游戏，这些游戏的视角就是不能切换的，通常为了让游戏有着广域的视角，游戏会给出斜45°视角，让我们置身于其中，最广域地看。

固定的斜45°视角有一个缺陷，一些被挡住的区域就绝对挡住了。这样就产生了一个有趣的差别，即在我的第一种看（作为游戏玩家的看）和第二种看（作为游戏主角的看）产生了区别。

游戏主角能看到的东西，而在屏幕面前的玩家却看不到。当然，后来的一些设计会有一些被迫的设定，如将主角进入的区域虚化，以半透明的方式让玩家完成看。这样的设定会部分弥合第一种看和第二种看之间的差距，但总体上仍然是以游戏玩家的看为主。

不过，在进入3D时代之后，随着玩家可以自由掌控游戏的看，让原先的视觉死角可以通过视角切换和转换来实现玩家不可能的看，第一种看和第二种看的差距在3D时代得到了一定程度的缝合。

不过，我们的电子游戏的视觉体验正在向下一个阶段前进，这就是以虚拟现实（VR）装置开创的全景游戏的时代。

如今，元宇宙（metaverse）是一个热门话题，如果要理解什么是元宇宙，可能只有当我们体验了真实的VR场景之后，才有发言权。《半条命：Alyx》是一款VR大作，一种真正需要戴眼罩的VR大型游戏。我曾去体验了一下，也就玩了大概二十分钟，令我感到十分眩晕。

其实，我联想了以前的情况，第一次玩第一人称游戏时我也一样感到不适。

我们为什么在面对VR界面时会感到不适？

因为我们的身体、视觉器官根本没有跟得上VR视觉技术的发展，身体没有根据它做出调整。

用户戴VR眼罩玩游戏，需要有人在旁边保护，这就是防止第一次体验VR的用户因眩晕感而跌倒。如果真的有下一个时代，使用VR设备的时代，那么我们身体究竟有没有为VR环境准备好？一旦我们不再眩晕，那么代表着我们的身体已经进化，已经变成属于元宇宙的身体了。

于是，我们进一步联想到，以后我们的身体是不是会被技术改造呢？是否可以有虚拟视觉环境和真实环境的共通性呢？回到刚刚我提到的《半条命：Alyx》，这个游戏太真实了。在游戏中，任何一个设计出来的对象都是可以拿起来的。跟以前贴图游戏是不一样的。贴图游戏是一个整体模板，手的动作不能穿过，也不会有任何变化。但在这个VR游戏中，摘一片叶子是可以真的摘下来的。例如，游戏里有一个场景，在阳台上，有一个塑料桶，我突发奇想往里面装东西，我将旁边的酒瓶拿起来往里面，还真塞进去了。

还有育碧（Ubisoft）推出的《看门狗》，有无人机和监控摄像头视角，可以操作各种各样的摄像头。有人类视角，也有非人类视角，可以用摄像头去看。

早期的二维游戏，只有上下左右4个方向，如《超级马里奥兄弟》。然而，就是在这样的游戏中，也不能只以屏幕玩家的视角去看，而是要以游戏角色去判断。

因为游戏角色，相对于人类的现实生活来说，对于距离的感觉完全不一样，需要以游戏当中的身体感觉重建世界的感知经验。

到了街机时代，游戏显然不只是纯粹的上下左右了，而是做成了一种伪三维画面，比如在街机上玩得最多的格斗类游戏《三国志2：吞食天地》，前进的方向不再是《超级马里奥兄弟》那里的一条线，而是看起来像是一个平面，但是这个平面只有三条线。这种视觉仍然是一种进化版的二维画面，比《超级马里奥兄弟》好一些，但这种视觉方式确实是那个时代游戏的主流。

《名将》《恐龙快打》等一些著名的街机格斗类游戏都是按照按三条线的平面设计的，有些游戏会扩充到五条线，让玩家看起来像是在一个平面上玩游戏。但从游戏角色来说，它仍然是二维的视觉系统。正是因为这种特殊的伪三维平面，才会产生一些特殊的程序漏洞。

回到《三国志2：吞食天地》这个游戏，其中有一个有趣的现象，就是玩家把敌人摔倒在前面或后面的视角之外，看不见敌人的身影，但在玩家卡住的位置可以直接把敌人打死，我们习惯称其为"卡版"，就敌人塞在里面打，根本看不到敌人，如果有背过版的玩家，甚至在敌人没有出场时就把他打死了。之所以出现这种现象，就是因为游戏实际上是二维的，游戏中的敌人在显现的屏幕背后，不知道如何从另一条线路出来迂回攻击，所以，在被"卡版"的地方，游戏中的角色能看见他们，直接把敌人打死了。而在游戏屏幕前的玩家，能看到的只有敌人闪现的血条一点点地变空，这里就又出现了游戏角色的视觉和玩家视觉的差距。

2000年前后，游戏开始进入真正的三维时代，3D游戏虽然在那时还很笨拙，但的确已经开始为我们提供一种不同于以往的游戏视觉感受。

所谓的3D游戏，最基本的要求就是能实现视角360°旋转，它不是平面的。

以前有很多伪3D游戏，如在20世纪90年代很火的《暗黑破坏神》，虽然融入了三维空间的概念，但里面的视角是不能旋转的，玩家只能按照固定的视角去游戏。这个和电影是一样的，电影是把观众代入了三维世界，但电影本身不是三维的，因为电影的视角不能360°自由旋转，观众只能按照僵硬的画面视角来切入电影之中。

当然，现在有3D电影，但这种3D电影与3D游戏仍然有着天壤之别，因为3D电影只有一种立体的感受，但不能改变整个3D视角，电影屏幕只提供一个固定的角度。

3D游戏不一样，游戏的看可以真的模拟，全方位像一个球形进行反转。比如说《VR战士》，属于最早的3D游戏，游戏画面中多边形、棱角很多，背景几乎就是蓝屏，很单调，但那的确是3D时代的开始，后来的《铁拳》系列发展了很多要素，但基本模式仍然与《VR战士》一样。

这么多年过去了，我虽然不再玩3D格斗游戏，但也关注到一些有趣的作品，如日本光荣（KOEI）发售的《死或生》，因为游戏设计了很多多样化的服装和道具，在对战中没有固定的视角，这是《街头霸王》时代想都不敢想的事情，对战的玩家从任何角度进行格斗都可以，全方位旋转给玩家提供了一个多方位的视角去看。

除格斗游戏外，许多角色扮演类游戏也逐渐向3D全景视觉靠拢，由于3D可以看见正常世界中不可能看见的东西，所以，在后来的3D游戏发展中，有两条不一样的线索，一是模仿真实人的看，这种在游戏中通常以第一人称的模式出现，尤其在一些恐怖主题的游戏中，变成3D之后更加增强了恐怖的氛围，如今年刚刚上市的《生化危机8：村庄》，有些场景比真实还真实。

还有一种看，是非人的视觉，一种从人类视角不可能的看，也是我们在现实世界中无法体会到的看。例如，《刺客信条》里有一个鹰眼系统，按了一个键之后，就会激活鹰眼系统，在这个系统下，所有场景变得灰暗，但一些特殊的平常看不到的东西，如幽灵，就会在鹰眼系统中以特殊光影方式显现出来，恢复正常场景后跟普通的场景没有任何区别，但必须要切换另外一个视角。在游戏之中，除了有屏幕前玩家的看外，还有一个从游戏角色出发的看，这些游戏具有特定的技能，从这些技能进行特殊的看，正是这些特殊的看，让某个游戏区别于其他的电子游戏。

育碧新出的《看门狗3：军团》还开发了一个游戏系统。有些地方黑客自己进不去，如有很多下水管道、通风管道，黑客可以拿出一个带摄像头的蜘蛛机器人，钻到下水管道和通风口，以蜘蛛机器人的视角看和行动。

在我之前提到的《刺客信条》系列中，从《刺客信条：起源》开始，也新加了一个系统，表面上它是一只雪鹰或渡鸦，其实它的真实作用类似于现在的无人机视角。游戏原本设定为正常的平面视角，但是为了发现敌人放了无人机上去，就相当于有些游戏的无人机，例如网易游戏中的《明日之后》就有无人机。

在新出的《刺客信条：英灵殿》中，当我们将渡鸦或雪鹰放到天上去，它对敌人进行标记，对于宝藏等要素也标记出来。通过鹰眼系统等，玩家可以以非人视角看游戏的产品，我们知道，在古代，即便渡鸦和雪鹰放在天上翱翔的时候，作为动物的雪鹰和渡鸦，是不可能与我们共享视觉的，其实这个设定就是无人机视觉设定，因为只有无人机视觉才能和我们共享视觉在游戏中，尤其是开放世界的平台式的3D中，玩家会拥有前所未有的自由度。这种自由度可以说是一种全新的创造，我们不能简单将玩游戏视为一种游戏商对玩家的控制，因为游戏商也不知道我们会在游戏里体验到什么。

比如说Sucker Punch开发的《对马岛之魂》，这是一个PS5游戏。曾经一位中国传媒大学的老师，说他在上摄影美学的课程上，就曾经拿《对马岛之魂》这个游戏作为摄影教学的模板，在游戏中很多场景，非常真实，美轮美奂，这当然得益于虚幻4引擎技术和光追技术的发展。

另外还有一种有趣的视角，这种视角是在现实世界中不可能实现的视角，即从下往上照出来在天穹下的飞马一跃，这是原来的人类世界中想都不能想的视角。游戏人物可以做很奇特的动作，真实人类完全做不到，这样一种跳跃性往下去拍摄，给我们展示了一个新视角。包括竹林的风动，这是我们现实生活中不可能具有的视角，但是在游戏中可以实现。

在电影中一些特殊的场景需要借助于特殊的设备来拍摄，这种设备不是一般的摄影玩家能拥有的设备。不过，在《对马岛之魂》中，根本不需要昂贵的摄影设备来创造特定角度，游戏自带设备提供给玩家，还可以根据玩家的兴趣和审美自动调节光线和色彩，不需要另外的应用来完成摄影和修图。《刺客信条：英灵殿》中也有这种设计，即让玩家自己拍摄在开放世界场景中的优美画面，让玩家自己去捕捉那些迷人的瞬间。在世界场景中，游戏厂家没有提供固定的模板，而是把产品尽可能设计得开放一些，形成各种各样的视觉潜能。

最后，电影的视觉也在向游戏视觉主动地接近，从斯皮尔伯格（Steven Allan Spielberg）的《头号玩家》开始，到2021年上映的《失控玩家》，电影中的场景已经大量地被游戏化，《头号玩家》中的绿洲和《失控玩家》中的"自由城"，都充满着游戏的场景和视觉。玩过游戏的玩家很容易体会到这种视觉的特殊性。

其实，即便不是游戏题材的电影，也会有这种类游戏的视觉，比如2018年安德鲁·尼克尔（Andrew Niccol）导演的影片《匿名者》就有着这样的设定，即主角面前的视觉可以修改，变成一连串的数据，一个个多边形。三维就是一系列多边形的组合，那些就是一个典型三维建模的图形。

在电影《匿名者》中，黑客把主角眼前的景物改变了。主角是一个警察，想追一个逃犯，在地铁站，警察看到的场景是地铁已经进站，黑客想让主角掉到地铁里被车撞死，实际上那时，地铁还没有进站，在那个场景中，游戏化的视觉感是非常强烈的。

以后我们会越来越多地面对这种视觉，当然，现在VR还不够成熟，还不足以达到这个层次，如何判断眼前看到的东西是真实的还是虚拟的？其实不是真和假的问题，而是整个新的视觉环境中如何重新确定我们自己定位的问题。

第五场　设计与图像
Design and Graphics

看不见的城市　看得见的未来

Invisible City The Visible Future

李向北
四川美术学院副教授

> "卡尔维诺（Italo Calvino）说：'城市就像一块海绵，吸汲着这些不断涌流的记忆的潮水，并且随之膨胀着。'"

一、题目的由来

建筑对我来讲是一个特别传统的艺术，它可以跟工程相关联，也可以跟艺术相关联，偶尔也发出一些"声音"，但是总体来讲，我认为建筑基本上算是一门后知后觉的艺术。因为它的建成需要很长时间，但我们也有很多图板上的艺术家、建筑师，可能是很多年后才有机会实现他最开始的梦想，这大概就是建筑。

"看不见的城市　看得见的未来"是我为重庆礼嘉智慧园做过的一个展览。当我在构想、策划礼嘉智慧园这个展览的时候，我再次翻开卡尔维诺《看不见的城市》这本似乎永远都没有读完的书，书中提示了关于城市思考的维度，具体而富有故事性。虽然全球的城市正在面临越来越多的挑战，但是正如卡尔维诺所言，"也许我们正在接近城市生活的一个特殊时刻，而《看不见的城市》则是从（小说里所描绘的）那些不可生活的城市的心中生长出来的一个梦想"。

展览汇集了全球征集的建筑设计方案，50多个国际知名的建筑师团队参与到重庆礼嘉智慧半岛这个4平方千米的土地。这些来自全球的智慧投射到一个很具体的环境中去解释或者是映射人们对于这座城市新的、未来的期望。

二、关于先锋的片断性的思考

最开始接到李敏敏老师的邀请参加先锋论坛时，脑海中闪现很多建筑中的"先锋"。

勒·柯布西耶（Le Corbusier）是20世纪著名的建筑师、城市规划师、画家和作家，影响了西方乃至全球近百年的城市和建筑。

勒·柯布西耶创造的建筑切入人的内心、感官、身体，但他关于城市的构想却是乌托邦的（图5-1）。

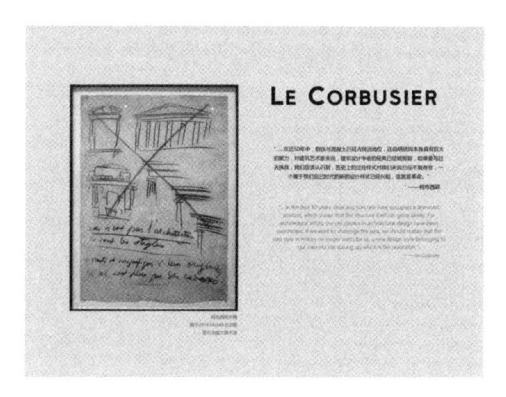

图5-1 勒·柯布西耶构想

后来在尼赫鲁（Javāharlāl Nehrū）的支持下，勒·柯布西耶在印度旁遮普邦的昌迪加尔实现了他关于现代城市的梦想（图5-2）。

图5-2 昌迪加尔的规划

2017年当我考察这座世界文化遗产城市的时候，我看到尼赫鲁的一段话，大意是这样的：我们欢迎建筑的实验，希望大家能够接受，但不管你接不接受，新的城市和建筑至少带给我们一种新的感觉，我们可以用新的概念和语汇描述未来的城市。

未来的城市是什么呢？相对于原来的传统城市应该是有阳光、绿地、大地和人文的城市。

柯布西耶写了很多东西，非常前卫，反对原来的传统，创造现代主义的样式、现代主义的城市。他的1922年的明日之城（图5-3），从功能主义的角度来切入现代大工业城市的空间和形态。

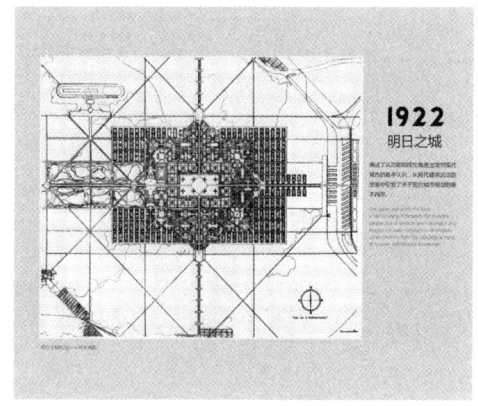

图5-3 1922明日之城

柯布西耶后来在1933年发展了光辉城市的构想，但这个构想如果实现，我认为它是反城市的（图5-4）。这是在巴黎、在香榭丽舍大道上想实现的构想。但如果真的做成这样子，对于城市一定是一个巨大的灾难。城市里面所表现的先锋性，跟它的规模极其相关。现代主义建筑师也清醒地认识到他们在城市当中的问题和失败，所以后来又有很多理论的总结。

图5-4 1933光辉城市

20世纪50年代的昌迪加尔是现代花园城市的楷模，巨大的湖泊、喜马拉雅山脉的背景，是非常成功的探索。去到这个城市的时候进入酒店，酒店的欢迎卡片上会写到"欢迎您来到柯布西耶的城市"。

在全世界去任何一个城市旅行，很难有一个城市会说出这个城市的建筑师的名字。这里我们讲先锋性，但在城市的维度上如何体现这种先锋性和时代的需求是一个非常值得关注的问题。

另一位"先锋"是雷姆·库哈斯（Rem Koolhaas），他是编辑、记者、艺术家、建筑师。他最出名的著作有《癫狂的纽约》和S, M, L, XL等，他在设计中央电视台总部大楼之前已经对于全球的城市以及东西方的城市做了非常系统性的研究。

库哈斯在今天不是我要讨论的重点，重点是他在2011年的一本书《日本计划：新陈代谢派口述史》。库哈斯在书中这样写道："我之所以对新陈代谢派如此感兴趣，是因为它第一次体现了非西方的先锋派如何在美学和意识形态上压倒西方，控制了话语权。"

20世纪60年代的日本以一种非西方的方式展示了他们设计上的前卫性，当时纽约的市长要开一条路都是破天荒的事，但是战后的日本出于重建、经济复苏的需要，日本建筑师丹下健三、黑川纪章等投入这个行动，这本书是根据采访亲历者得到的。

丹下健三是日本优秀的建筑师，他所做的东京湾的规划虽然没有实现，但其表达不亚于英国的阿基格拉姆学派，从空间上可以看到巨构建筑的情形。

很多建筑师、设计师在做对未来城市的瞻望的时候，想要表达可能未来是这个样子，但是今天不会这样建成。比如已经拆除的黑川纪章胶囊酒店，这些单元的构成体现了在城市空间扩张里所做的种种努力。日本新陈代谢派后来也慢慢淡出人们的视线。

中国在20世纪90年代的时候还可以发现一些先锋的实验或者实验的建筑师，而到了2000年以后很多东西慢慢被市场卷入，那些实验性的探索被一个大的时代、大量的建造淹没。但现在也有些回归。

三、全球视野的礼嘉实践

我们把视线拉回到这个4平方千米的重庆礼嘉智慧园区，这是全球视野在重庆北部这块地方的具体实践，它是否前卫我们另当别论，但它一定代表了当今建筑的潮流和前瞻性的思考（图5-5）。

图5-5　全球视野的礼嘉实践
来源：礼嘉智慧园城市实践展

1. Unicorn独角兽社区

独角兽社区由扎哈·哈迪德建筑事务所（Zaha Hadid Architects）设计（图5-6）。

独角兽指一个经济体中价值最高的初创企业，大多数独角兽都集中在顶尖的技术生产国——中国和美国。

中国有99个独角兽，其中世界价值最

第五场　设计与图像

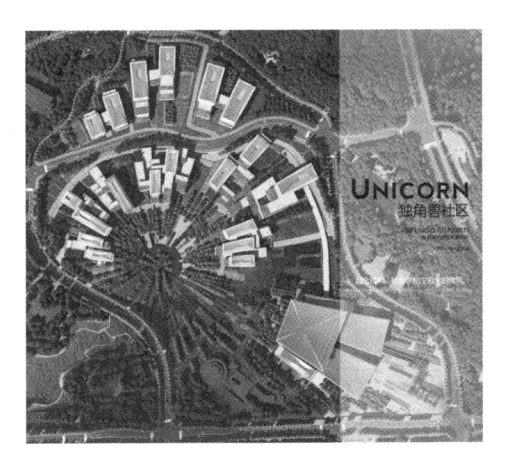

图 5-6　独角兽社区（一）
来源：礼嘉智慧园城市实践展

高的独角兽是新闻和信息平台Toutiao（它拥有流行的视频平台TikTok）。中国有6个价值超过100亿美元的独角兽，在人工智能领域的高价值创业公司数量中排名第二。

独角兽中心的主要目的是促进创造性和突破性思维，其物理环境的设计应以同样的理念为中心。因此设计精神和研究结合在一起，提供了动态灵活的空间，增强了与该场地优美的自然环境以及与居民和合作者之间的互动。井井有条的设计可以增强雇主、员工及其居住空间的潜力。它以高度鲜明的外观、生动的室内设计、创新的空间组织和直观的场地可达性清晰地标识了创新园区（图5-7）。

该设计的建筑语言和身份源于一个主要的目标：和谐地融合了未来、技术、居民之间的社交互动，基础设施的灵活性以及容纳该地区乡土建筑中蕴藏的智慧的要求。因此，建筑身份的3个支柱是：促进人与自然高价值互动的空间组织；灵活的模块化办公空间；因地制宜的建筑类型（图5-8）。

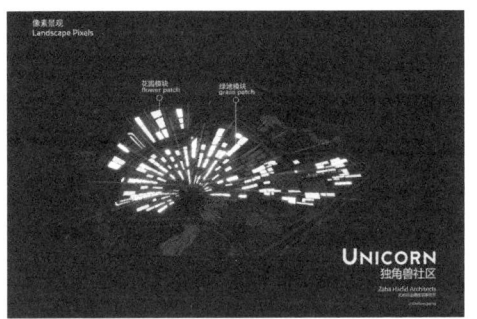

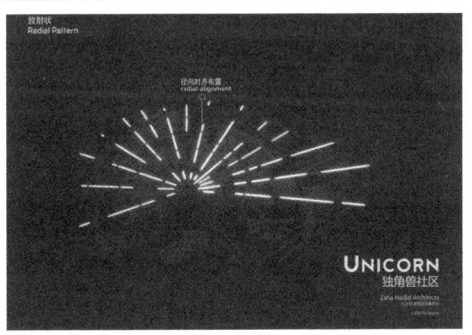

图 5-7　独角兽社区（二）
来源：礼嘉智慧园城市实践展

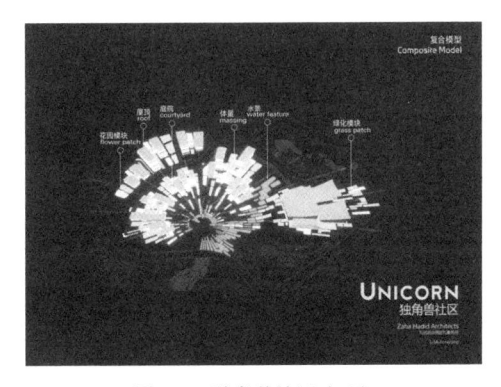

图 5-8　独角兽社区（三）
来源：礼嘉智慧园城市实践展

57

2. Geek极客社区

极客社区由PLP建筑事务所（PLP Architecture）设计（图5-9）。

图5-9 极客社区
来源：礼嘉智慧园城市实践展

两条蜿蜒的曲线嵌入景观中，呼应着重庆独特的自然形态——河流、山川，成为有机融入自然中的流畅建筑形体。两条优雅的曲线在几乎接近中间的位置产生一种形式上的张力，体现了创意张力的概念。

曲线自然展开，在西面形成进入园区的门户形象，在东面可以遥望白云湖的美景。南边的体量抬升，舒展的曲面迎接来自南部的人流；北边的体量下降，让面对白云寨遗址的视野更加开阔。设计策略不仅把自然引入建筑，同时最大化利用自然去迸发创意的火花。建筑的曲线延伸到山坡上，最大限度地为使用者提供自然的场所。

这是一种与自然融为一体的新型城市的形态。

两条曲线之间的空间是一个充满光线的中庭，环抱中庭的体量让阳光不会直射其中。中庭空间沿着场地东西延展，人们可以在此互动、偶遇。

不同层次的圆环将建筑的各部分连接起来，又像是贯穿整个建筑的展廊，形成互动和融合的焦点与核心。

所谓的"极客精神"，简单描述起来就是指"好奇之心与改变之力"。

3. Mountain智慧山社区

"智慧山"（图5-10）是我和英国建筑师合作的方案，方案用大围合的方式来迎接未来空间的需求，这里有不同的街道、广场、下沉空间、层层叠叠的平台，这些聚集和办公的场所，共同形成未来可能发生的地方。

图5-10 智慧山社区
来源：英国普林斯曼建筑事务所+XBA向北设计机构

在建筑及空间生成的过程中，建筑师用专业的方法把不同要素、不同尺度的东西叠加在一起，最后形成或许可以预见的未来。

四、建筑以有力的方式触及大地

建筑以有力的方式触及大地，人们在充满绿意和起伏的空间中可以感知一个值得期盼的城市的未来。

"重庆悦来智慧岛"（图5-11）这个项目是一个5000平方米的建筑，但我们在这个地方并不想要做一个建筑，而是想做一个景观，用一种有力的方式跟大地、跟绿色形成呼应，就像新陈代谢派60年前讲的一样，建筑其实很多时候只需要回应阳光、绿色、大地。

图 5-11　重庆悦来智慧岛（一）
来源：XBA 向北设计机构 + 深圳华筑工程设计有限公司

图 5-13　重庆悦来智慧岛（三）
来源：XBA 向北设计机构 + 深圳华筑工程设计有限公司

我们为这个项目做了若干不同方案和不同空间形态。在不断筛选过程中，最后找到最能够表达这块场地的点（图 5-12）。

图 5-12　重庆悦来智慧岛（二）
来源：XBA 向北设计机构 + 深圳华筑工程设计有限公司

我们用了全清水混凝土的建筑来进行建造，不是为了表现清水混凝土本身，而是为了表达混凝土和周边绿色坡地之间所留出来的空的关系。把建筑的时间足够拉长，不断在坡道的延展中感受原来没有过的空间感觉。

位置在一个集团办公楼的旁边，我们计划造就一个可以观览未来片区的场景，对面是一个几十万平方米的会展中心，我们用了几千平方米的房子跟它产生一个对应的关系（图 5-13）。

五、先锋的发生，可以期待的未来

我们需要什么样的城市？我们需要先锋规划、上帝视角还是"反规划"？

建筑的先锋性在库哈斯创造的过程中，当然也在《走向新建筑》《癫狂的纽约》等著作的雄辩中。

Back to things，回归每日生活的世界。我们看到李涵作为一名建筑师在绘画中表达城市的丰富与日常。不同空间的叠合、非常有意思的城市形态和生活的呈现，带给我们关于城市的不同以往的认知和发现（图 5-14）。

图 5-14　绘画中的城市空间，李涵绘

面对像重庆这样的城市，其实可以找到很多试探未来的机会，成就先锋的思想或者前卫的创作。

山峦环抱中的重庆的影像，展现出整个山脉所形成的肌理脉络，我们可以通过对大地江河的阅读、对城市的阅读、对人的理解来创造城市、创造建筑。

或许只有在这个时候，我们的建筑才能发出先锋的声响。

图像的形而上学批判
Metaphysical Critique of Images

夏莹
清华大学教授

> "哲学，总是黄昏起飞。各位专家在从不同的角度来切入当今这个时代的一些基本问题的时候，涉及了多个不同的关键词，但其中出现频次最高的就是'图像'。"

尽管大家在讲"图像"（image），但实际上对它的界定却显然包含着多个不同的维度，每个老师都有自己的观感和理解，在我眼中，仿佛构筑了一个精彩纷呈的图像形而上学的生成逻辑。

我们的会议讨论是从具象化的图像开始的。从庞院长开始，他用自己的创作历程完美诠释了当代中国整个具象化的绘画艺术的发展历程——绘画，作为架上艺术如何从一个作为表象（representation）的艺术形式，去再现现实，直至当下架上绘画与当代以观念为主导的装置艺术的融合。

这一过程彰显出当代艺术由具象到观念的展开过程。但也正是在这一过程的展开中，向我们彰显了另一种被遮蔽的思想趋向——今天所有那些需要被表达的观念自身却也只能在"图像"当中获得自身的表达。这究竟是一种倒退还是进步？

或许我们并不能给出一个确定的价值判断。但它作为一个无法回避的理论趋向的变迁，不得不引发我们深思。

古典时代，思想家试图用理念构建这个世界，对这个世界进行逻辑性的理解，从而构筑了一种形而上学的思考方式。世界被一分为二：一个不变的理念世界，一个流变的经验世界，思想的任务似乎只有在理念的世界当中遨游，完成一个对世界之根本的追问，现实世界的流变不过是这一理念世界的一种表达方式。

而今天，当具象化的存在成为"理念"之构筑无法逃避的一个必要环节和方式，那么我们就无法再将二者截然对立起来。抽象的理念与具象化的表达之间相互试探、博弈与融合。这一过程在我们今天的先锋论坛当中得到了一个充分的表达。

例如，在我们今天的会议中，有相当

一部分学者的讨论，如吴冠军教授有关于时间问题的讨论，李洋教授有关于米歇尔与德勒兹的图像理论的对比和分析，戴潍娜研究员有关于英国思想家蔼理士在近代中国的传播史的梳理等，都在某种意义上以不同方式去探寻一种言说抽象观念与具象化表达之间的这场博弈与融合的可能性。

当然，先锋思想不仅要深入理念层面去敲开一次思想的历险，更需要直面一个介入二者之间的动态的"图像"表达。于是诸如李敏敏教授、蓝江教授等多位参会者用一大波的影像技术，全部动态和静态的构图，他们共同告诉我们这样一件事情——具象与抽象之间的界限全无。今天不仅人-机结合，虚拟与现实也变得没有了区分的必要性，所有的界限都被调侃和模糊。只有到李向北教授的建筑艺术的讨论和展望中，我们才又一次有了一种生活在现实大地上的感觉。

但正是在这种调侃和模糊界限的过程当中，我们感觉到各位先锋理论的研讨者内心的一种挣扎与纠结。影像，作为弥合现实与虚拟、抽象与具象之间的重要路径，已经以艺术的方式得到了一种呈现，但却未能得到一种理论层面，更不用说是哲学层面上的的反思和理解了。我想，这一理论诉求成为我在这里谈论一种影像的形而上学的重要前提。

在此，需要预先说明的一点在于：影像，对我而言，不是一种对实在物的再现所形成的虚像。而是介于现实实在物与再现虚像之间不断富有创造性的图像。

因此，在谈论它的时候，我们不能忽略的反而是构筑影像的质料性中介。哲学在近代以来以"我思"为奠基，但我思是什么？就是没有肉体的一颗脑袋。思想变成了与肉身无关的一种独立的存在。

康德的哲学，也将那个承载表象的载体视为一个不可知的物自体，悬置起来，不予讨论，目的就在于"不纠结"。

不纠结于肉体与观念之间的异质性存在，当然也不纠结于现实与表象之间的异质性的对立，但从1900年以后，随着生命哲学的诞生、电影的发明，即图像进入我们时代以来，我们不得不重新思考质料性的中介（特定的介质）对于构筑我们对世界的理解所具有的重要意义。

在哲学上，它表现为一种摒弃了单纯的唯物主义与唯心主义之后非此即彼的新唯物主义的诞生。

在我看来，在这种新唯物主义当中，质料性的介质必须重新成为我们思考这个世界的载体，这一介质，在今天主要表现为两种：一是技术介质，二是人的身体。

换句话说，当我们试图给世界以新的一种理解系统，我们将不得不同时思考这两种质料性的介质对于观念的形成所产生的重要影响，如媒介艺术的重构、人工智能、赛博格等，都在逼迫着一个富有哲学性的主题的诞生，那就是，今天究竟是谁在构筑当下世界的意义系统？是富有肉身的主体，还是一个特殊质料制成的介质（虚拟技术）？

二者为这个世界所建立的意义又是什么呢？正是在对这一问题的讨论当中，图像及其相关问题逐渐浮现了出来。

我不得不承认，我是一个哲学上的古典主义者，因此还在纠结于构筑一种新的形而上学。然而在今天如此丰富的一个图像化的盛宴，我要做图像的形而上学奠基却是完全没有色彩的，现实尽管光怪陆离、色彩斑斓，但理论一定是晦涩和灰色的，不会有太多色彩的渲染。

首先，image 不是 picture，picture 可对象化为一个可观看的对象。Imagination 作为富有生产性的想象力，它不仅是创造 picture 的源泉，还是所有一切哲学概念得以形成的源头。

哲学在其诞生之日，虽然贬损视觉，但从柏拉图的理念（idea）当中，我们却可以读出一种"视角"的意义（id-，即视觉）但是由于哲学家一度对于流变世界的极度贬斥，产生了对视觉感官的否定，在其中试图以不变之抽象概念来表达流变之世界的本质，由此产生一个概念世界与经验世界的对立，构成一个哲学的丑闻。

我们先锋论坛的主题是时代精神与具象表达，时代精神，一个纯粹精神、观念的东西怎么被具象化，这是一个问题，这个问题的存在实际上表达出哲学的丑闻给大家造成的困难。

而 image 的构图思维，作为融合抽象概念与具象化表达之间的中介，成为消解这一哲学丑闻的哲学方案。

在此，我将谈到几个典型哲学家，我把他们都叫作图像哲学家。他们的哲学都在某种意义上构成了一种图像形而上学。第一个是康德（Zmmanuel Kant），康德在《纯粹理性批判》中有一个关于先验图形的表达，其中的图形，即 Bild（德语的 image），同样构筑了德文中的想象力（Einbildungskraft）。

在康德的表象哲学中，经验的杂多要进入范畴世界，必须有一个第三者，这个第三者一方面必须与范畴同类，另一方面必须与显象同类，并使前者运用于后者成为可能。康德以数字5为例，我们如何从5只狗当中看出"5"这个数字，5是一个抽象的数字，5只鲜活的狗是非常生动的经验，这个生动的经验和5的抽象数字是异质性的东西，怎么结合，这是一个问题。

哲学家要求概念只能认识概念，概念不能直接认识经验世界，于是他把先验图式请出来，也就是带有图形化意义的先验想象力，它的作用就在于弥合经验与概念之间的鸿沟。康德只是迈出了一小步，这一小步对后世的影响却是非常巨大。

Image，被明确为哲学把握世界的核心概念，其首倡者就是柏格森（Henri Bergson），柏格森真正意义上把客观的物质世界还原为影像集合，就是我们说的 image 的集合。没有什么客观物质世界，只有一个 image 的集合。

集合所有的质料性的存在，物质是图像集合的说法，使得对图像的界定能够超越客观和主观的简单对立。这个 image，比再现（representation）要多。所谓"再现"，比如典型的架上艺术，画一个东西很像这个世界，也就是以复制的方式将它呈现出来。

柏格森说，image 比"再现"要大，大在哪里？在我看来，"大"就"大"在 image 还将包含全部的记忆（以及相应的主观观念的介入），它们注定将带来主体视角的差异，因此，image 的创造性内涵比再现的对象要丰富。同时，柏格森又提到了 image 小于物本身，如果大家略加体会，就会发现，这是哲学史以 image 为核心概念的一次唯物主义的复兴。它提醒了我们对于以技术为表现方式的诸多质料性介质，对于主体构筑其关于世界的理解模式产生了重大的理论意义。Image，作为图像的意义之所以小于"物"，正在于它的构图本身无法摆脱质料性介入对于它的限定。

最后，我要谈到的Image思想家是本雅明（Walter Benjamin）。这位德国哲学家虽然并不像柏格森和康德那样，系统讨论过有关于image的问题，但他提出的非常有名的关于星丛和群星的观念，似乎以更为直观的方式呈现出image的思维方式。

本雅明告诉大家的是一个作为图像本身的"理念"何以可能。理念与现实物的关系从来都是星丛和群星之间的关系，例如狮子座的星座是一个image，构成狮子座的点点繁星就是一个个概念，但这一个个作为概念的繁星却并不就是真理。

作为真理的理念是由于这些星星所构筑的作为狮子座的图形。这是什么意思呢？以前哲学家考虑概念和物之间的关系是怎样的？

万物流变，每个物在事物的共相当中被把握。比如今天有圆桌子、长桌子，我们将它们都叫桌子，概念和每个桌子之间的关系，在于概念是诸多桌子的共相，因此也成为绝对的抽象，具体的桌子的变化与存有，对桌子的理念毫无影响。但是本雅明星座式的理念，却是一个image的形而上学。

因为他告诉人们每个概念作为群星共同构筑了一个狮子座的星座（理念），在这个构图当中如果少了一颗星星，构图就少了一个点，那么整个的构图就完全有可能不再是狮子座。

作为观念的构图（image）完全可以被一个概念要素彻底毁掉，这个理念是非常重要的图像化构图思维。在这里面就意味着经验事物对于所谓理念的形成具有至关重要的意义，缺一不可。也就是说我在画面上画的一幅画，这个里面要少一个点，可能整个画的形象变成了另外一个。在具象艺术当中这是显而易见的道理，绘画中的每一笔构成都是不可缺失的。

哲学家用这种方式告诉大家，不要以为作为真理的理念是经验事物的范型，也即共相似的表达，相反，它是群星式的构图，构成一个星座式的表达。而要构筑一个构图，即当我们看到满天繁星，说这是狮子座，是需要想象力的，需要把image变成一个图像化的表达。

从这一意义上说，图像是我们构筑全部思维概念的形而上学。但我们不能简单地把picture意义上的图像表达为一个image，比如传统架上艺术，因为没有照相机，所以将客观世界如实地画出来，它不是构造世界意义的过程，它只是机械地反映了这个世界。

在此，我自己粗暴地将图像分为两类，一类为再现意义上的图像，它本质上是一个picture，而非真正意义上的image；另一类则为特异性（singularity）的图像，它是带有创造性的本质的image。

如果说前一类的图像大多表现为传统艺术的图像存在，那么后一类的图像则多表现为当代媒介介入艺术之后所形成的新的图像存在方式。

比如在网络平台上较为流行的"鬼畜"视频。作为一种现代人介入的短视频模式，它将很多相关的东西拼接起来，进行碎片化连接，我认为，不同于电影的蒙太奇，它的特质有两点：其一，它的拼接缺乏一种预先的逻辑框架，它的意义可以被每个关注它的人所重构；其二，它的拼接中加入了一个速度的要素，即以加速的方式改变了原初视频的播放方式，以此来构筑一个不同的意义逻辑。每一个鬼畜的出现，其实制作者是无目的性的，他只是把一堆素材拼接起来，以不同的速度播放，每个人能看出来的东西可能都是不同的。

因此，每一次都成为对某一个特定图像化逻辑的再造。而每一次再造都会构筑出一个富有特异性的事件点。而这些事件点的爆发，总会溢出原初制造者以及其原初这些素材的本来内涵。

所以这种不断的溢出和剩余，可能是抵抗复制再现图像的一种可能性路径，但也只是可能性，因为在现在资本逻辑的框架下，所有的溢出，也同时总是会被资本迅速收编，构筑一个新的逻辑。所以对图像时代的内在超越是一个不断反复的过程。

类似于鬼畜之类的图像化存在，我将其称为特异性的图像，这种图像它不是一个复制性的再现，而是一个直接的呈现（presentation）。

如果说representation的表象化思维图像所表达的是一种再现逻辑，那么特异性的图像的逻辑则是表现逻辑，它是一个表达（expression），它不是一个representation，它在不断的多样化的言说当中呈现那个无法被再现的图像。每一次的再现，都是一种不断地再创造的过程。

后一种特异性的图像时代是如今网络时代的图像思维方式，网络的去中心化特质为抵抗再现逻辑提供了可能性条件，每个人都是自媒体的再造者，我们每个人的singularity都是一个绝对特异性，我们只能通过一种直接呈现式的表达来接近要表达的对象。我认为这种特异性图像是一种思维方式，它不同于能够整全地把握世界的概念性思维。在这一意义上，图像思维构成了对思想自身的拯救。

概而言之，如果说表象式的图像是以图像为再现内容的图像，那么特异性图像则构筑了一种真正意义上的图像式思维。这一思维方式将可能改变我们对于世界的把握和理解方式，并具有一种创造性，它可以直接成就一种新的思想，而不是以图像的泛化去压抑思想的再生。因为这种图像式思维方式依赖于想象力的爆发，就像我们在一个万千星空当中去辨识出狮子座，是需要巨大的想象力的，所以图像化思维注定是一种激发想象力的哲学。

以上就是我关于图像之形而上学的初步构想。

但是星座的观念，其实充分表达或者更直接表达了image形而上学的基础。因为在这个星座当中如果少了一颗星星，构图就少了一只脚，就不是狮子座。

狮子座被一个概念经验的要素完全毁掉，这个理念是非常重要的图像化构图思维。在这里面就意味着每一个经验式的事物对于所谓概念的东西，都变成至关重要、缺一不可。

当我们看到满天繁星，说这是狮子座，需要想象力，需要把image变成一个图像化的表达，所以意识到原来这个世界是我们想象的世界，但想象的世界当中，它是作为介质性的。比如介质性的技术媒介、介质性的身体，都会构成我们理解这个世界构成一些概念的核心要素，这才是作为一个真正图像化的意义。

形而上学和整个哲学就应该是形而上的一种思维方式，图像是我们构筑全部思维概念的思维方式。

我们不能简单把图像表达为图像化，一直反对记录式影像的讨论。我所说的表象的图像化的在线记录，严格来讲不是构图式的形而上学，也提不到做形而上学的构图化。这种类型，比如传统架上艺术，因为没有照相机所以画出来，它不是构造世界意义的过程。

把《拿破仑一世及皇后加冕典礼》这件伟大的巨幅画作拿到今天当然不是当作相片来看，表达透视、光影等，哪怕是过去曾经作为一个表象化的图像今天也变成了一个特异性的图像。影像本身要传达一个特异性的观念，这个观念绝对反对复制，Representation是对Singularite的复制，所以有的所谓影像艺术其实并不能叫艺术。流行文化的鬼畜，用2倍、3倍速看影像的时候，从来都是被主体重构。

用电影保留对时间的呈现方式，好像没有人重构，其实恰恰相反，电影现在不是看的，很多人看电影的方式也绝对是对电影的再裁剪，所以特异性影像就这样生成。

李敏敏老师提供的每一个短视频和构图，本质上就是一个特异性图像。

新媒体艺术或者各种新的艺术类型，在特异性上，把思维构图本身的过程呈现出来，这是形而上学的基础。

图像当中的形而上学，给大家的多重视角注入了感性之眼和逻辑之眼，我称它为先验经验主义的建立。

今天的图像成为形而上学的奠基，在于它要立足于大地，立足于经验世界当中构造一个超越意义的经验体系。最终的目的是给似乎没有意义的世界以意义，给无序的世界以有序。

当谈到混沌、谈到熵、谈到各种事物的时候，把既是的秩序颠覆了，寻找一个新的秩序。大家来到这个世界，不是在混沌、在熵当中生活，我们谈的时候已经给到一个意义，我不认为那是一个完全无序化的表达。人最终是要飞升到天空中鸟瞰世界的动物。

我用图像去说形而上学或者它本身就是一个图像化构图，它的重要意义就是传统形而上学非常简单，即把世界分成两个，那个超越的世界被看作仅有的逻辑之眼。

"上帝之死"给我们带来非常大的冲击。众多学者纠结图像的建构、图像的问题，我提出从来形而上学都是图像化的生成，只是告诉大家上帝死了没关系，人死了也没关系，图像在就够，因为图像是勾连经验和逻辑之间核心的一个运作机制，它不仅会有逻辑之眼，还会有感性之眼，会让你在经验世界当中，让经验具有超验性内涵，而不是在经验之外再依赖上帝，依赖任何一个人给你设立经验。

所以在艺术创作当中自由翱翔，把我们所看到的一切，以我们的意志把它组合起来，哪怕这个组合在一时之间看来是反秩序的。你要知道当你反了一种秩序，当你发现它另外一种表现方式的时候，可能恰恰是新的世界即将向你敞开。

不用惧怕任何一种光怪陆离，我知道很多传统形而上学家或者哲学家都不喜欢新媒体技术或者赛博格式的讨论，他们觉得求新求异没有太大意义，但我觉得这是对传统哲学最有效的一种注解，证明哲学还没有死掉，今天还有可能存在的方式，哲学恰恰要跟艺术、要跟建筑、要跟所有的文学联合起来，创造一个真正有思想创新的时代，而不是一个满足于无数论文，但是毫无思想的时代，思想的贫乏是我们这个时代最大的贫困。

希望将来继续以思想穿透时代的勇气，以融合视角的方式，促使时代精神真正得到一个有效的传达。

第六场　媒介与影像
Media and Imagery

媒介化：新媒体艺术批评的媒介学介入

Mediation: Media Science Involvement in New Media Art Criticism

钟舒
四川音乐学院副教授

"新媒体艺术目前之所以被视为技术制造的体验快感而未从审美和批评上得到合法的地位，其根本原因在于人们仍然保留着旧有的理解和观看艺术的方式，倘若试着从建构层面上理解新媒体艺术的种种迹象，便能知道这一新生事物早已破除了边界，在科技／媒介的引导下颠覆认知与体验，与时俱进地自我瓦解与重塑。"

当我们去观看新媒体现场，用过去传统的视觉美术和审美范式来理解当下的艺术可能不一定完全有效，所以我从媒介化的角度切入主题。

广泛意义上认为新媒体艺术之前的艺术主要是视觉艺术，观看是理解视觉艺术最重要的行为。

2015年，我到了法国的卢浮宫，为了看达·芬奇（Leonardo da Vinci）的《蒙娜丽莎》排了半个小时的队。最后有了是我和这张杰作的自拍合影，这组照片是我们在艺术馆参观活动的典型行为（图6-1）。

围绕古典艺术陈列与凝视的双向观看是长期以来的研究主题。然而在当下的艺术现场，我们发现仅仅是观看和凝视似乎不足以满足观众，互动和场景已然进入当下艺术的现场。

接下来我想用一个特殊案例来阐释刚才的观点。大家看到的这张图是我抖音账号上一个视频的截图（图6-2），这条视频是2021年7月25日我带家人去看展览时随手发到抖音上的视频，后来被大数据选中并进行平台推送，三天以后浏览数是1.4万，两个月后变成20万，从20万到50万只用了30天，结果刚才最新的数据是96.4万。而我到现在才仅有300个粉丝。对我而言，大数据如何选中我，这条视频为何会火是我一直倍感好奇的事。

本着做媒介学研究的嗅觉，我深深意识到今天去看艺术现场的话，如果还在讨论纯粹地审美或观看的话，可能远远不够。仍以刚提到的这条视频为例，我提出一些词语供大家思考。一是亚审美性，很多网友在下面留言，"这个墙面好看吗，脏兮兮的，小孩都可以画"。我们观看新媒体的现场看到很多机械、人机交互的时候似乎和

第六场 媒介与影像

图 6-1 与《蒙娜丽莎》的自拍，拍摄于法国卢浮宫

图 6-2 抖音视频截图，拍摄于艺术现场

美没有什么关系，或许亚审美性是目前交互为主的艺术具备的一个显著特征；二是互动性，新媒介的一个关键词就是交互，正如这个艺术作品，没人去互动，墙上就不会产生痕迹，这个作品或许就不完整；三是社交性，刚才李敏敏老师放了关于社交媒体和虚拟偶像的资料，迫使我们去思考，当下艺术现场凸显出视觉媒介走向社交媒介的发展分支。包括刚才说到的这件艺术交互作品，不少网友留言问我图中的球体是否是新冠病毒，其实不是。艺术家创作的时间是 2010 年，和新冠病毒没有任何联系。

但从网友积极的留言中，我们不得不去思考今天艺术作品在网上的传播，艺术品从生产到传播和以前的生产机制是不太一样的。

另一个案例，这组照片（图 6-3）的拍

71

摄者是法国摄影师安托万·达加塔（Antoine d'Agata），在新冠病毒肆虐法国期间，他花了几个月用热成像仪在法国的医院和街道中拍摄了13000多张照片。

热成像仪在那个特殊时期，是人人皆知用红外辐射测量生物、物体热能的仪器。不可见的热能在热成像仪的影像中被转化成了不同颜色的光，生命的活动因此清晰可见。

图6-3 安托万·达加塔摄影作品《圣洁的人》（局部），拍摄于成都当代影像馆

因此，有活力的身体呈现着相应的热度和色彩，而照片中这具深色的身体，即代表这人已经去世。通过视频播放中呼吸机的声音，急促短暂与这个画面产生了强烈的张力。鉴于此，我想提醒大家媒介对艺术创作的影响，各种新媒介和材料的使用，使今天的艺术现场精彩纷呈。

第三个案例，这是我2021年1月创作的投影交互作品，名为《阅后即焚》（图6-4），出自对信息、媒介与知识输入的反思。

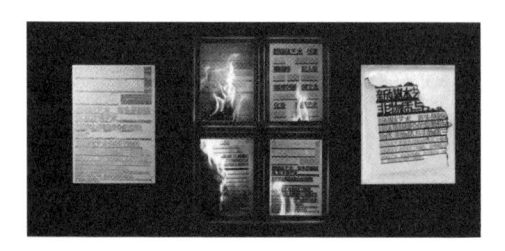

图6-4 投影交互媒体作品《阅后即焚》，钟舒，2021

每天可以接收如此多的碎片化信息，可最后作为知识的极少，信息经过大脑，最后会留下什么？

鉴于我一直在做媒介的研究，由此特别想讨论媒介与文字之间的关联。该作品通过投影和编程的技术手段，利用分屏技术，将不同内容同时投向4个画框，即4个不同的燃烧局面，以此呈现共时性的特征。

当掌握了一定的技术手段和媒介，就可以在创作里面加入有意思的表达。这是在新媒体艺术现场常常会看到的一种交互式的装置。

另外一幅图大家非常熟悉，2020年四川美术学院80周年校庆的时候在美术馆外墙立面做的大型灯光秀（图6-5），好看和好玩促使这场秀得到了广泛传播。

图6-5 四川美术学院80周年校庆投影灯光秀，四川美术学院美术馆，2020

由此，回溯当下艺术现场，视觉艺术、古典艺术仍然是主流的存在，艺术的经典地位尚存，但用过往的艺术范式去关照新艺术现场，我们或许会感到批评工具的局限。尤其是当我们讨论赛博空间、赛博格、后人类、时间与空间、光媒介、数字媒介等已经远远超越了艺术本身的范畴。

近几年，上述关键词已经频繁出现在国内各大美术馆的展览之中。这些策展的主题已经说明媒介学对艺术的深度介入和影响。不管身体哲学还是人机哲学，对艺术现场的指导无一不说明着未来已来。

根据上述现象，今天去观看新媒体艺术现场，按照对媒介、技术的使用划分大致可以分为五大主流。

第一，主要以录像艺术、影像装置（过时的"新"媒介）为技术手段进行实践的新媒体艺术，特别是在非欧美的国家区域，由于新媒体艺术传播进入的时间较晚，因此在艺术实践上稍微滞后。除此之外，录像艺术和影像装置产生于特殊历史时期，使得其具有鲜明的政治、文化批判性特征。

第二，以科技、生命科学等为主导的新媒体艺术实践，后人类、赛博格、虚拟身体等生命科学主题的新媒体艺术展览。这个话题在当下国内新媒体的艺术现场日益兴起。

第三，借助大众媒介，以互联网为技术支撑的艺术实践，如互联网艺术、赛博表演等。新媒体艺术最终将人（身体）、信息（媒介）、艺术（一个可能性的回应）三者连结在了一起，构成了一个有别于传统艺术的超越性文本。在新冠病毒肆虐全球期间，国内在互联网上突然兴起了某个"网络语言编码"游戏，经由各种语言进行不断转译，进而在网络上形成广泛传播，严格来讲这是国内第一次由网民自发兴起的一个媒介事件，极具互联网艺术特征。

第四，围绕物质、非物质、去物质等哲学主题，主要讨论信息、技术制造的艺术形态和收藏问题。缘起1983年利奥塔（Jean-Francois Lyotard）在巴黎蓬皮杜艺术中心策划的著名的"非物质神话"新媒体艺术展览。

第五，新媒体艺术对电子游戏的挪用与再造，电子游戏被纳入新媒体艺术的范畴已经有一段时间了。以姜宇辉老师为代表的学者对此进行了大量的研究。这个话题，我在书写博士论文时已有讨论（图6-6）。

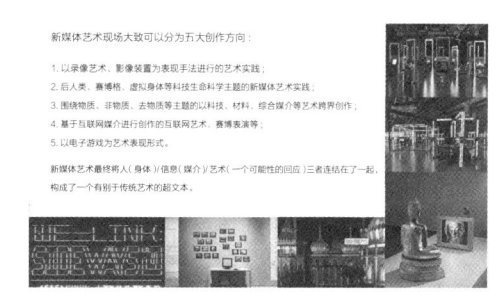

图 6-6　当今新媒体艺术现场五大主流分类

一方面，新媒体艺术具有典型的时间媒介特征，我和吴冠军老师曾讨论什么是时基艺术（time-based art），这个说法主要针对早期新媒体艺术中的录像艺术形式，录像这种特殊媒介具备非线性结构，时间可以任意更改、或快进、或倒退、或停滞。

还有不少影像装置作品，会在艺术现场制造出时间和空间相结合的四维，以此回应对时间结构的改变。

另一方面，我们也需要媒介引导下的建构性特征，换句话说，在当下艺术创作中，建构性比呈现更为重要。

建构性，实际上是通过社交媒介所产生的。新媒体聚焦几个关键词：媒介性、时间性、身体性，身体即媒介，在新媒体艺术中对身体的表现也是非常多的。

特别强调一点，关于用媒介学的思维方式理解当下的生产艺术到传播，这是非常重要的，这也是我个人致力于此的研究方法。

在讨论当代艺术的现场，如果还在讲一些用过去的范式来理解当下，可能真的不够，需要做到更多。了解西方艺术现场，包括参与式艺术、观众赋权等话题对创作有很大帮助。

我目前还不是研究媒介学的专家，因此提出这个方法的介入，我觉得这可能是未来的一个趋势，在艺术这个行业，可以借用一些更新的方法论去观看这个世界，去观照我们的艺术现场。加之我本身也在做策展和创作，由此更需要前沿的学科和多元的知识结构。

在媒介学的范畴里面，目前绝大多数围绕新媒体艺术为主题展开的文章都难以脱离将新媒体当作技术中介的工具理性表述；而在传播学中，"媒介不仅表述现实，反映现实，而且干预现实，最终成为了事实本身"。德国媒介科学家弗里德里希·基特勒（Friedrich Kittler）认为"媒介决定了我们的境况"，即媒介构成了经验与理解的基本结构和准超验标准。

基特勒将媒介研究推到了人文学科和人文社会科学研究的中心话题之内。

媒介在此不能视为中立、透明、或被视为它所传播的信息附属品、补充物而被打发掉。媒介所具备的社会力量和文化力量，使其在各个领域中发挥着巨大的功效。"媒介研究"成为一个切实可行的研究领域。

媒介学（Mediology）最早由雷吉斯·德布雷（Regis Debray）在著作《法国的知识权力》（*Le Pouvoir intellectuel en France*，1979）中提出，从学科意义来讲，他所定义的媒介学不是媒介社会学，也不是符号学，也不纯粹是传播学。因为媒介学不聚焦于孤立的个体，而是一种跨学科方法，论述范围或论据来源包括历史（技术史、书籍史、美学理论）和信息传播理论。

德布雷的媒介学提供了3个思考范式：第一，媒介学考察信息传递中的高社会功能（宗教、政治、意识形态和思想态度）和技术结构的关系，思考媒介如何运载信息。第二，媒介学的中心是发现技术和文化的互动结构，考察社会结构和跨社会关系如何在一般意义上和影响传递的技术结构进行互动。第三，媒介学尤其强调人的组织和技术创新为保证文化传递能力所扮演的角色。因此，媒介学的medio指代中介，logy代表科学，强调信息传递是一个涉及技术、社会和文化的多重交织网络。

德布雷提供了一种技术、文化与历史之间的现实观照。媒介成了事实的本身，研究的是源媒介的问题，传播的过程中赋予了它第二次生命，把它改变了。媒介有了自身的逻辑。

如今的新媒体艺术最大的挑战除了创作上的突破之外，还有收藏的问题。新媒体以过程为导向的特性给传统艺术世界带来了诸多挑战，包括从呈现、展示、保存到收藏。

传统的艺术生产系统所对应的收藏和保存标准都不太适用于新媒体艺术。新媒体艺术以其"非物质性"（immaterial）特征活跃于开放、变动的媒介空间，依赖于软件、系统和网络。

媒体理论批评家克里斯蒂娜·保罗（Christiane Paul）关注艺术实践如何利用数字媒体的同时，在艺术项目中内置了批判性。

保罗将数字艺术的实践描述为"面向过程的、基于时间的、动态的和实时的；可参与性的、协作性的和可表演性的；模块化的、可变的、生成性的和可定制的艺术现场。

保罗承认数字技术对传统的艺术藏品在艺术创作、管理和展示上产生了巨大的冲击。她认为新媒体艺术旨在"创造一种非常规材料、或以软件为基础的艺术形式"。

部分新媒体艺术家积极地将科技融入艺术作品的创作中，并主动介入各种技术科学研究环节中，与研究人员、科学家、技术专家和工程师等进行跨界合作。

提及新媒体艺术与电子游戏的关系，最典型事件是美国纽约现代艺术博物馆（MoMA）正式收藏世界上14款电子游戏列入新媒体艺术范畴，且作为永久收藏。

下图的作品也是美国纽约现代艺术博物馆收藏的，1999年由日本艺术家创造的一套emoji（图6-7），在今天看来，围绕emoji的讨论离不开离身性、化身等身体与媒介的话题。

图6-7　NTT DoCoMo 的 i-mode 电话系统设计 emoji，栗田穰崇（Shigetaka Kurita，1999）

皮平·巴尔（Pippin Barr）的这款游戏理念来源于一个非常有名的行为艺术作品，由玛丽娜·阿布拉莫维奇（Marina Abramavic）创作（图6-8）。这款游戏的创作是一种转媒介的表达，结合艺术的母体经由另外媒介进行转变。

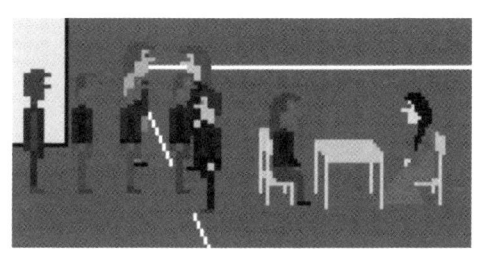

图6-8　《艺术家在现场》（*The Artist is Present*）
皮平·巴尔，电子游戏，2015

"跨媒介性"被视为一个独特的理论和方法论工具，是重构艺术理论和美学的一种有效路径。

国内知名学者周宪认为"跨媒介性"研究中第一个推进因素是媒介，他认为其既符合当代艺术发展彰显媒介交互作用的趋势，又由理论话语自身演变的发展逻辑所致。

最后一个案例来自国内的新媒体艺术家冯梦波，他是中国最具有代表性的将电子游戏作为艺术表达的艺术家，他常把自己做成主角放到电子游戏里面。

游戏传达出身体的媒介性，身体在游戏制造出的超真实拟像中不断游走。游戏中的虚拟身体呈现出与现实齐头并进，甚至更加精彩纷呈的视觉景观。身体逐渐媒介化且最终走向虚拟，身体的主体性却未因此撼动。

正如麦克卢汉（Marshall McLuhan）在《理解媒介》中所言，人类在面对媒介的暴力按摩时，媒介危机唯一的救赎或来自艺术，艺术家是唯一在媒介变迁面前泰然处之且感觉敏锐的人。

游戏艺术提供了一种身体救赎的思路，即电子游戏中的化身在线实现了身体与意识的完美交互。身体的通感证明了身体在场是人类认识感知这个世界的最佳渠道。虚拟身体在场例证了新媒介对人的主导作用以及对身体的形塑与意义的重构。

最后总结一下今天的分享，新媒体的"新"一直都在一个流变里面，决定新媒体艺术的新媒介对社会已经全面渗透与形塑，媒介化成为一个不争的事实。

媒介化与文化研究的密切互动性为该视域下的艺术提供了参考的范式。由此，默认艺术已然媒介化，进而通过媒介批评的方法与维度对新媒体艺术展开研究迫在眉睫。

媒介学与媒介化研究脱离了传播方式与路径的藩篱，进化为一种学科语言。媒介化观看与媒介化传播分别回应了新媒体艺术被新媒介决定和主导的核心，因此其艺术批评应整合传播学、艺术学、社会学的相关学科知识，实现跨学科、跨媒介研究。

由此艺术社会学、艺术哲学、艺术学、艺术的历史范畴在此都应加上"媒介化"模式进行理解，这种建立在信息论、控制论的新型人机关系下的媒体艺术无时无刻不在发生着裂变，艺术的各种诉求和声明通过媒介的加持变得更具多元化。

回到话题最初，新媒体艺术目前之所以被视为技术制造的体验快感而未从审美和批评上得到合法的地位，其根本在于人们仍然保留着旧有的理解和观看艺术的方式，倘若试着从建构层面上理解新媒体艺术的种种迹象，便能知道这一新生事物早已破除了边界，在科技/媒介的引导下颠覆认知与体验，与时俱进地自我瓦解与重塑。

什么是晶体-影像？
What is the Crystal-Image?

董树宝
北方工业大学教授

"虽然影像，我们都能感受到它的一些直观方面，但是晶体和影像结合在一起，应该如何来理解？这个问题与哲学息息相关，是德勒兹（Gilles Deleuze）进行哲学研究的一次最激进的冒险，也是让后人很难理解的'时间三综合'的一个体现。"

我在法国曾碰到过一个博士，后来她写了有关德勒兹时间哲学的博士论文。我们闲聊时说到时间的三种综合。据说有一次一个学生问德勒兹："您早年在博士论文《差异与重复》里谈到了三种时间综合，您能讲一讲这第三种时间综合是怎么构思出来的吗？"德勒兹说："其实具体怎么构思的我也忘了，等你们后来人继续研究吧！"所以德勒兹把这个问题抛给了后人，但这的确是一个很复杂的问题。

长期以来我关注影像研究，也做法国当代影像研究。有些学生总是问："董老师，德勒兹在20世纪60年代对影像的研究主要集中在影像这个概念上，与他后来电影影像的研究有什么联系？"我总觉得这两者是断裂的，并不存在一种内在的联系，因找不到一个有效解释，所以这个问题我就搁置了一段时间，后来，因为有会议又要讨论时间与影像，所以这个问题又被提出来。这次我下定决心，排除万难，一定要把这个问题好好研究一番。

晶体-影像这个概念出现在《电影2：时间-影像》中，其中有一章专门谈时间-影像与晶体-影像。我也查阅了相关研究，国内对这个问题关注较少，的确这个问题很难研究，因为它跟德勒兹的哲学密切相关。

我有一种感受，电影只是德勒兹进行哲学研究和推演的具体案例而已。所以，从纯粹影像的角度来讲，这可能很难从电影影像本身来研究，可能好多概念不兼容。

我认为，德勒兹在他的两部电影著作中几乎把他原来演绎过的概念又重新演绎了一遍。大家最好在对德勒兹的整个哲学有一个基本了解后，再读这两本电影著作，这样对德勒兹整个概念体系理解后，阅读就不会很困难。

这两本电影著作有英译本，也有中译本。中译本《电影2：时间–影像》（简称《电影2》）于2004年先出版，《电影1：运动–影像》（简称《电影1》）于2016年后出版，但我们读这两个中译本也很困难，当然中国台湾译本也不好读。这两本电影著作，我梳理了一个基本框架（表6-1），我们看到《电影1》探讨的主导模式是感觉–运动模式，《电影2》探讨的是纯视听模式。

就电影时期而言，《电影1》研究第二次世界大战前的经典电影，《电影2》研究第二次世界大战后的现代电影。《电影1》研究的主导影像是运动–影像，《电影2》研究的主导影像是时间–影像，我谈的问题主要集中在《电影2》的时间–影像。当然德勒兹还讨论了其他具体影像，如运动–影像分为知觉–影像、情感–影像和动作–影像，《电影1》谈论更多的是运动–影像，也谈到了时间–影像，但谈得不多，后来德勒兹专门写一本书来谈时间–影像。当时精神影像被图像研究抛弃了，德勒兹却没有放弃精神影像，而且他很执着地写了一本书来阐释精神影像，这就是我们看到的"回忆""梦幻"和"晶体"。时间–影像是对时间最直接的呈现，晶体–影像是最直接呈现时间的影像类型，所以德勒兹对晶体–影像的阐释，其实蕴含着他对时间的总体思考。

时间这个问题，吴冠军老师刚才梳理得很清楚。吴老师从宇宙时间到时间–影像，他逆着讲。我试图寻找吴老师所讲的时间–影像在哪里，他没有讲，后来就进行宇宙大爆炸了，时间–影像在德勒兹那里有一个比较具体的阐释。谈时间，现在通行的说法是我们看到的亚里士多德（Aristotle）对时间的最早界定，他认为时间隶属于运动。亚里士多德的这种时间观念一直持续到牛顿经典力学。牛顿（Newton）阐述了一种很不一样的时间，他提出了一种绝对时间，这种绝对时间开始探讨时间本身，脱离了运动，时间从运动的链条当中解脱出来，让时间呈现自身，所以后来有了康德（Kant）对时间和空间的划分。我们看到还有一条线索，来自奥古斯丁（Augustinas）。奥古斯丁有一个关键性区分，时间有三个维度：过去、现在和未来。奥古斯丁指出人对时间的感受，在过去、现在和未来可能是不一样的，从《忏悔录》中能感受到奥古斯丁的这种心灵悸动。

就研究德勒兹的时间问题来说，有两个人对德勒兹产生了重要影响——康德和柏格森（Bergson）。德勒兹做哲学研究有一个非常重要的特点，就是把哲学史上的重要人物作为他的研究对象，就像我们看到他研究休谟（Hume）、柏格森、尼

表6-1 德勒兹电影哲学基本框架

基本框架	主导模式	电影时期	主导影像	具体影像	时间问题
电影1	感觉–运动模式	第二次世界大战前的经典电影	运动–影像	知觉–影像 情感–影像 动作–影像	时间的间接呈现
电影2	纯视听模式	第二次世界大战后的现代电影	时间–影像	回忆–影像 梦幻–影像 晶体–影像	时间的直接呈现

采（Nietzsche）、莱布尼兹（Leibniz）以及福柯（Foucault）那样，基本上从哲学家谈哲学。康德和上述哲学家不一样，德勒兹把康德作为反例，教我们如何进行哲学研究。究竟该如何研究康德，德勒兹写了一本《康德的批判哲学》，他告诉我们怎么理解一个哲学家的基本思想。

德勒兹最重要的贡献是他走向了主流哲学史的另一面——非主流。尤其是我们看到他早年的很多作品，比如他有一篇非常重要的论文探讨柏拉图（Plato）与影像的问题、光和影的问题。柏拉图驱除影子，这在哲学史上是很复杂的问题。德勒兹在20世纪60年代开始讨论影像问题，当时他就提出了一个非常重要的概念"图像哲学"，这个概念到现在还没有被深入挖掘与研究。主流哲学更多谈抽象思想，德勒兹却谈具体图像，我们从中看到他对非主流哲学的挖掘和探索。

刚才我谈到的那些哲学家，其实哲学史上的阐释和德勒兹的阐释是不一样的，所以德勒兹的确给我们提供了不一样的视角，他对康德的阐释也是如此，不能说他否定了康德，其实他发现了康德的很多伟大之处。

另外不得不说的一点是，德勒兹在《康德的批判哲学》英译本中写了篇前言，其中有一句话特别重要，"时间不再与其度量的运动相关，但运动却与影响它的时间相关：这是康德在《纯粹理性批判》中第一个重大颠倒"。❶他认为康德在时间阐释上意义非凡，解锁了时间和运动的关系。不仅如此，他在《电影2》英译本序言中继续谈这个问题，他写道，"从希腊哲人到康德的数个世纪中，一场革命发生在哲学中：时间之于运动的隶属关系被颠倒了，时间不再是一般运动的度量，时间越来越自为地出现，并创造了悖论性的运动。时间脱节了：哈姆雷特的话语意味着时间不再隶属于运动，而恰恰是运动隶属于时间……电影重复了同样的经验、同样的颠倒……所谓经典电影的运动-影像在第二次世界大战后让位于直接的时间-影像"。❷这是德勒兹非常明确的一个判断，由此我们看到所谓的"时间脱节"，其实是来自哈姆雷特，德勒兹在他的作品中经常引用哈姆雷特"时间已经脱节"这句经典独白，时间无序，不按照规划好的时间展开，时间可能会出现失序。德勒兹其实肯定了康德对时间的判断，他在此接受了康德的思想，高度肯定了康德的贡献，但其对时间的认识不仅如此，更重要的是我们看到他还诉诸柏格森的时间思考。因为我们知道柏格森对于时间的研究，在哲学史上不同凡响。

对这个问题进行重新研究时，我发现我与德勒兹的晶体-影像无数次擦肩而过，似曾相识但又不相识。我此前做了一些翻译工作，在我翻译的《〈荒岛〉及其他文本》中，第四篇文章就是德勒兹论柏格森，他系统梳理了柏格森的基本思想。柏格森强调时间是一种绵延，毫不疑问他把线性钟表式的时间解构了。他写完这一篇文章之后又写了一篇柏格森小传，阐述柏格森

---

❶ Gilles Deleuze. Cinema 2: The Time-Image［M］. Hugh Tomlinson and Robert Galeta, trans. Minneapolis: University of Minnesota Press1989.xi.
❷ Ibid.

的差异概念，这是德勒兹早期非常重要的文献，我们经常忽略掉这两篇文章，更多考虑德勒兹后来出版的《柏格森主义》，当然这本书系统研究了柏格森的思想。

通过阐释柏格森，德勒兹对奥古斯丁所谓时间的三个维度——过去、现在和未来——进行重新认识，尤其是他对过去的认识与当时心理学的认识不一样。心理学往往从现在追溯过去，尤其是精神分析，但我们看到德勒兹和柏格森都认为时间始终存在，过去与现在继续存在，过去直接延续到现在。就像我刚才说的这句话已经过去，但是这句话还在我现在的说话当中继续存在，它会影响着我现在的说话。这一点非常抽象。沿着柏格森的时间思考，德勒兹对过去做出一种全新的阐释，他认为过去是潜在的。

"virtuel"这个词也可以翻译成"虚拟的"，但这里不能翻译成"虚拟的"，应翻译成"潜在的"。我再重申一次，过去持续存在，会影响着我们的现在，甚至影响未来，柏格森对时间的这种认识直接影响了德勒兹。柏格森有三个重要概念：绵延、记忆与生命冲动，对应着时间的三个维度。记忆对应的是过去，绵延对应的是现在，而生命冲动对应的是未来。德勒兹后来提出三种时间综合，这三种时间综合是怎么来的？仅看他使用的词就不一样，可能会以为三种综合迸发于一时的灵感，其实不然。

通过研究，我找到了一些蛛丝马迹，从柏格森这里找到了对应关系。在时间的三种综合中，我们看到了对应的阐释，第一种时间综合立足于现在，即那种鲜活的现在，心理的状态是我们看到的习惯，我们通过习惯会捕捉过去留下的东西。我试着对应一下，未必成熟，我对应的是运动-影像，心理状态是习惯，与运动-影像相对应。第二种时间综合是纯粹的过去，心理状态是记忆，与时间-影像联结在一起。第三种时间综合是虚空的未来或者不确定性的未来，是有多种可能性的未来，对应的心理状态是期待，要找一种影像与之相关的话，那就是神经-影像（表6-2）。

我觉得我们可以做这样的对应，德勒兹在谈了两种影像之后，第三种应该是神经-影像，我们从他的研究当中得出这样的结论。时间到底是什么？应该如何认识时间？德勒兹有一个特别形象的比喻：时间就像蛇一样，蜿蜒前行，时间可以分叉。现在我想时间不仅仅是奥古斯丁所说的过去、现在、未来，我们看到时间可以分叉，我们该怎么思考这个分叉的时间。德勒兹在《电影2》英译本序言中已经说得很清楚，时间具有自主性，可以自由蜿蜒前行，所以它并不隶属于运动，也不隶属于其他东西，它有自身的独立性。当然这种时间的思考，可能与他们的语言有密切的关系，

表6-2 三种时间综合

综合类型	时间维度	心理状态	主导影像	柏格森的概念
第一种时间综合	鲜活的现在	习惯	运动-影像	绵延
第二种时间综合	纯粹的过去	记忆	时间-影像	记忆
第三种时间综合	虚空的未来	期待	神经-影像	生命冲动

懂法语的老师和同学都知道，法语的时态是很复杂的。我们知道法语有直陈式现在时、过去完成时、愈过去时等各种时态，可见法语本身已经把时间分得很清楚了。德勒兹的时间思考肯定和法语时态有密切的关系。

从刚才的描述中，我们看到时间的三种综合，其实是我们进入德勒兹的时间–影像的最佳切入口。德勒兹在构建晶体–影像的时候利用了大量的思想资源，其中西蒙东（Gilbert Simondon）经常被人忽略掉，他的著作翻译得比较少，整个晶体–影像构思当中可找到西蒙东对德勒兹影响的线索。在《〈荒岛〉及其他文本》中，德勒兹评价了西蒙东的《个体及其物理学生物学的发生》，他无形中接受了西蒙东的一个非常重要的概念，就是个体化，个体化理论呈现了他谈到的晶体化问题。像晶体的种子一样，如何从亚稳态不断催生出一个晶体性结构，在这个过程中我们看到了一种生命结晶的过程。有的研究者认为西蒙东是一个不折不扣的柏格森主义者，在他的晶体结构中我们看到了过去、现在和未来的分离。

有一个人对德勒兹的影响比较大，这就是他的好朋友加塔利（Félix Guattari）。加塔利的著作《机器无意识》中提出了一个非常重要的概念，就是时间–晶体，尤其是加塔利在《追忆逝水年华》的论述中阐述了一种时间–晶体的存在。德勒兹从加塔利那里获得这种时间启示，他在讲座中曾说他的时间晶体来自加塔利对时间和迭奏的阐释，直接影响了他对时间–影像、晶体–

影像的构思。巴什拉（Gaston Bachelard）提出了互变影像的概念，这个概念对德勒兹的晶体–影像有影响，后面还会阐释。

刚才我说过我与晶体–影像问题无数次相遇，但不曾相识。在我翻译的德勒兹与帕尔奈（Claire Parnet）合著的《对话》一书中，其中有一篇附录就已谈过晶体–影像，最初有些人认为这篇附录不重要，但实际上是篇非常重要的文献，现在大家越来越认识到它的价值。这篇附录名叫《现实与潜在》，德勒兹特别强调过去是"潜在的"。我们能看到一条非常清楚的线索，即德勒兹对"潜在"的深入阐述，"潜在"对理解德勒兹的思想非常重要，这篇附录谈到有一种影像是镜像，他通过分析电影《上海小姐》来解释这个问题。《上海小姐》这部电影里经常出现"镜子"这个意象，我们会看到现实与潜在之间的变化，"一切对象都是双重的，但它的两半却不相似：一半是潜在影像，一半是现实影像"[1]。《差异与重复》的中译本没有这样翻译，而是翻译成"虚像""实像"，这样翻译会让我们很难理解这两个概念。德勒兹在20世纪60年代就已经提出潜在影像和现实影像这两个概念，只不过没有找到合适的时机来阐释它们。

晶体–影像的雏形出现在《对话》的这篇附录中，它来自现实影像和潜在影像不断变化的过程，巴什拉的互变影像就是讨论潜在影像和现实影像互变的过程。晶体所呈现的，一是时间的分化，二是正在失去的过去，三是正在保存的过去。我们看到两种影像，一种是基于过去，另一种

---

[1] Gilles Deleuze. Différence et répétition [M]. Paris: Presses Universitaires de France, 1968: 270–271.

是基于现在。我发现德勒兹很简单粗暴，直接就把现在影像和过去影像嫁接在一起。德勒兹站在镜子面前的图片，其实就是站在虚实之间，这才是真正的影像，一会儿虚、一会儿实，这是互变影像。我们在这些影像中能看到这样的变化，也就是过去、现在和未来不停变化、交织变化。

我们接下来分析一下吴冠军老师的晶体-影像。在吴老师的演讲中，我们看到现实的吴老师在灯光之下突然之间进入角色，进入一个潜在的、虚拟的状态，让我们看到了一个不一样的吴老师，看到潜在与现实之间的转化。现在我一想到吴老师开始演讲的那一刻，我突然理解了晶体-影像对吴老师多么重要，尤其是对吴老师上台表演多么重要。我想吴老师过去潜在的很多东西可能不断影响着他的现在，以至于他的现在和过去处于一个互动变化的状态。

吴老师的这种晶体-影像使我们认识到潜在与影像的不可分割，两种影像之间不断地交替变化，但又不可辨识。倒锥体图大家经常讲，但刻意识别回路图（图6-9）大家讲得比较少。

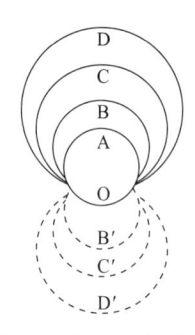

图6-9 刻意识别回路图

大家看到ABCD的对面是B′、C′、D′，但没有A′。德勒兹讲记忆的时候有一种记忆是无限收缩的，这里O是指对象，我们看到记忆A会出现的影像A′，无限收缩就收缩到一个点，所以我们看到的潜在影像和现在影像之间的变化，其实就是无法辨识的这种状态。过去和现在是无限收缩在一起的，是似曾相识却又不曾相识的状态。柏格森在这一点上有不少论述，德勒兹在时间-影像中有很多经典论述，我这里挑选比较经典的一段话，也是经常被提及的一段话："过去与它所是的现在共存；过去保存在自身之中，作为（非历时性的）一般过去；时间在每个时刻分成现在与过去，即流逝的现在与自身保存的过去。"❶人们经常将柏格森主义简化为如下观点：绵延是主观的，并构成我们的内心生活。仔细阅读这段话，我们就会明显感觉德勒兹是在谈他的哲学，电影只不过是他思考的一个案例而已，当然也包括小说。在电影领域，他谈了3个导演的作品，有杜辅仁科（Aleksander Dovzhenko）的《兵工厂》、希区柯克（Alfred Hitchcock）的《眩晕》、雷乃（Alain Resnais）的《我爱你，我爱你》，其实还是通过柏格森来解释的。最麻烦的一件事情就是，德勒兹在分析的过程中又回到了康德。他发现，尽管柏格森非常反对康德，但柏格森的内心世界对康德还是非常崇拜的，柏格森无限接近康德，德勒兹居然得出这样一种结论！

最后是四种晶体类型，德勒兹阐述四种晶体类型可能完全是为了讲课时给学生做一个形象的阐释，我觉得他并不是很成功，所以我就不具体讲了，大家可以去看《电影2》中的具体分析，不过很多分析还

---

❶ Gilles Deleuze. Cinéma 2: L'image-temps [M]. Paris: Minuit, 1985: 110.

是很牵强的。

总之，德勒兹的电影研究架起了哲学与电影的桥梁，构成了一种非常罕见的哲学与电影的姻缘，他更多地研究电影的风格，德勒兹也提升了电影作者作为艺术家的地位，将他们等同于伟大的哲学家。他说伟大的电影作者就像伟大的画家或音乐家一样，变成了哲学家或理论家，那么德勒兹所说的哲学究竟是什么？德勒兹的电影哲学其实是他哲学概念的一个跑马场，把他的哲学概念重新操演一遍。这样一种看法可证实我听到的一个段子：法国当时的电影研究是巴黎第三大学和第七大学比较专业，第八大学也要开设电影系，师资是一个很大的问题，利奥塔（Jean-Francois Lyotard）负责找老师开设电影课，于是便邀请了德勒兹来上电影课。德勒兹只好一边讲一边写，可能就成了这两本电影著作。

这个段子，我不确定真假，但我读完他的两本电影著作之后越来越坚定这个段子虽然是潜在的，但也是很现实的问题。通过这个研究，我可以更好地理解和把握德勒兹的哲学，德勒兹通过他的阐释，把他的哲学在电影领域做了一次淋漓尽致的演绎，同时也促使我们思考未来的影像，那就是神经-影像。

具象绘画的几个片段

时代精神的概念表达
——论哲学中的真理与"过程"

社会与秩序
政治学的法国进路

为什么内生图像被抛弃了？

艺术反抗与视觉观念化

游戏时代的视觉

不见的见的

图像的形而上学批判

媒介化：新媒体艺术批评的媒介学介入

什么是晶体-影像？

时代精神与真象表达

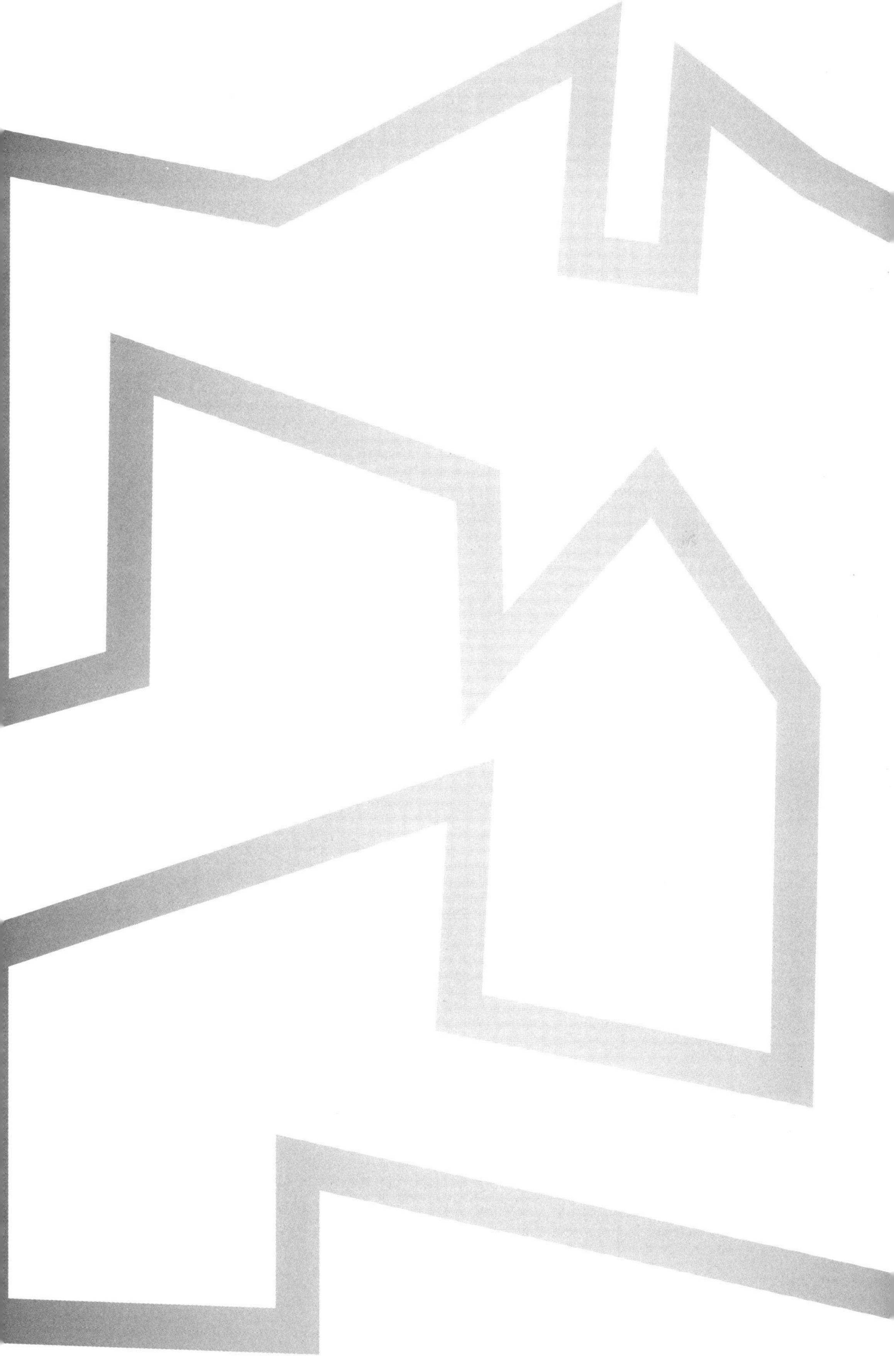

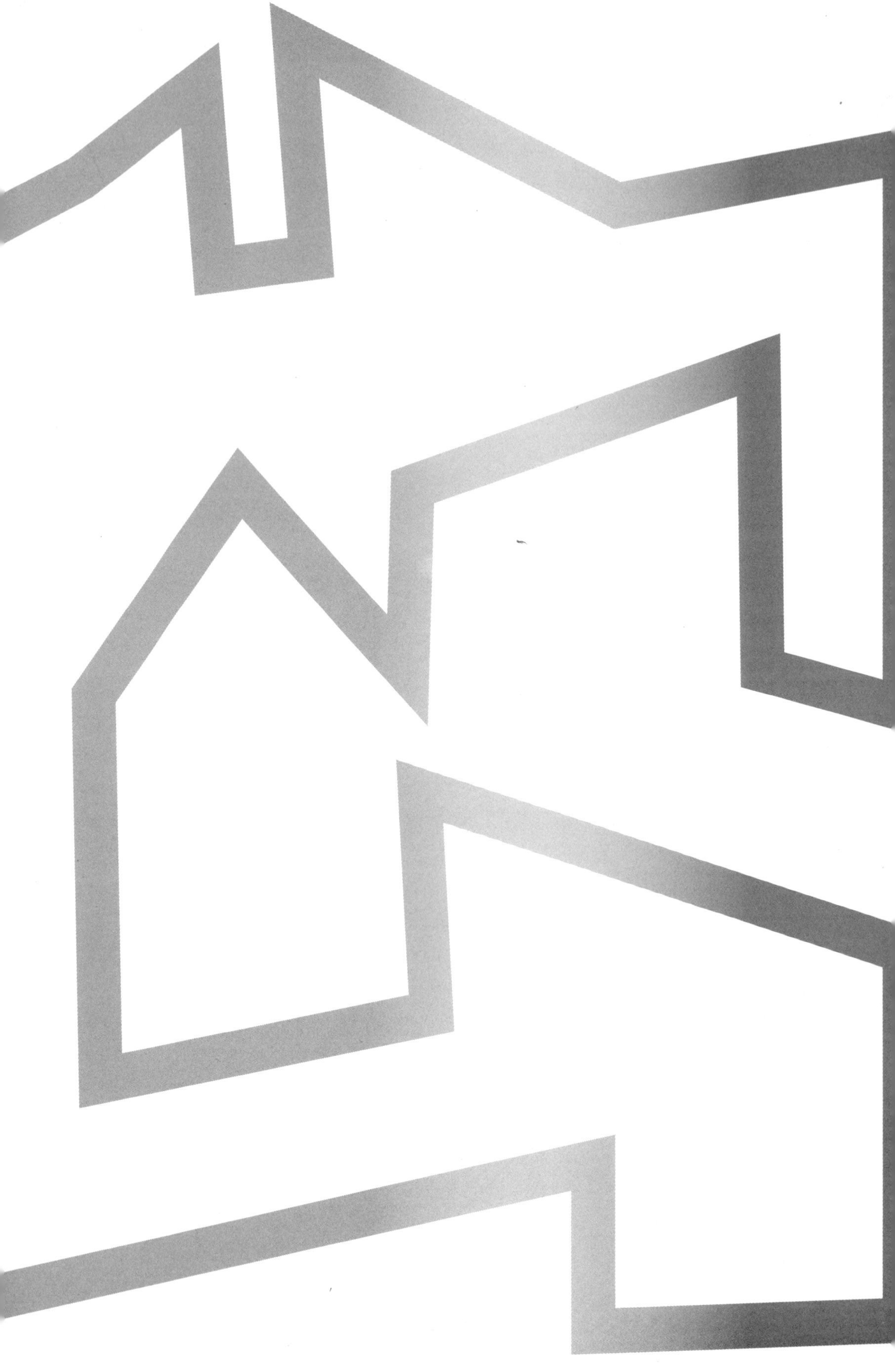